シリーズ「遺跡を学ぶ」059

武蔵野に残る旧石器人の足跡

砂川遺跡

野口　淳

新泉社

武蔵野に残る旧石器人の足跡
—砂川遺跡—

野口　淳

【目次】

装　幀　新谷雅宣
本文図版　中原利絵

第1章　二万年前の日常をさぐる原点

1　小さな遺跡の大きな意義

小川のそばの小さな遺跡

砂川《すながわ》遺跡は東京西郊のベッドタウン、埼玉県所沢《ところざわ》市にある（図1）。住宅団地と畑、雑木林がモザイクを織りなす西武池袋線の車窓は、都心から西へ向かうにつれて緑が色濃くなり、心なしか空気も澄んでさわやかになるように思える。遺跡の最寄り駅、狭山ヶ丘駅は所沢市の最西部に位置する。駅西口を出て南に向かうと、広く直線的な国道四六三号線に出る。国道沿いには平坦な畑地を背景に、大型店舗がいくつも並んでいる。畑や雑木林が少しずつ姿を消し、住宅地や商業地に変わってゆく東京の郊外の姿がここにある。

国道を越えてさらに南へ進むと、眼前に木立の連なりが見えてくる。初夏から秋にかけて

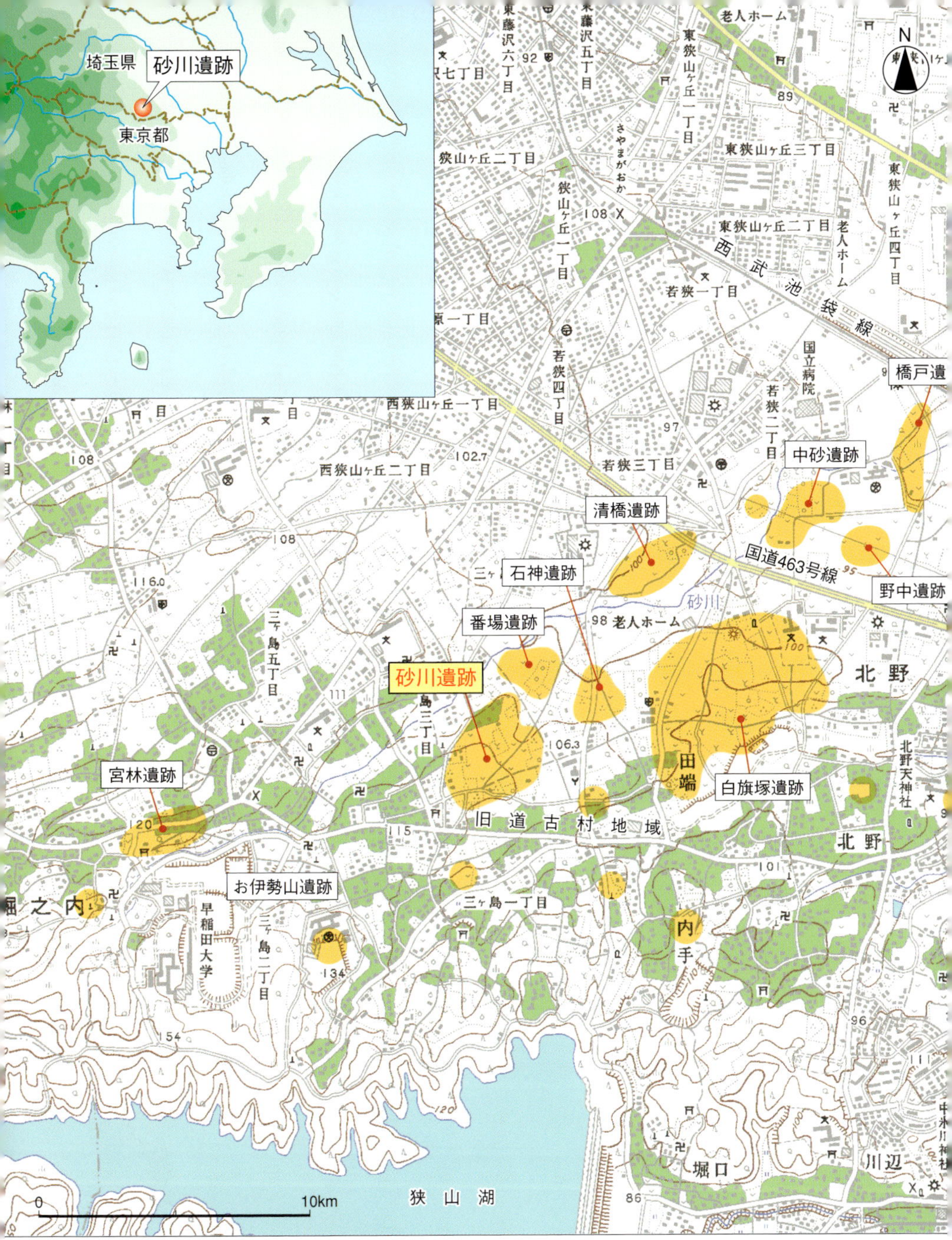

図１ ● 砂川遺跡と周辺の旧石器時代遺跡
砂川遺跡は西武池袋線、国道463号線沿いの新興住宅や商業地と、
狭山丘陵北裾の旧道・古村地域の中間に位置する。

青々と茂り、緑の壁となる木立のなかには、小川が流れている。思いのほか、きれいな水だ。木洩れ日のなか、折々に野の花が咲き、川面にはカルガモが遊ぶ。これが遺跡の名前の由来となった小川、砂川である（図2）。

砂川にかかる小さな橋のたもとには、遺跡の入り口を示す小さな道標が立っている。細い脇道に入り、野菜や花々、桑などの畑の間をゆっくりと登っていくと、その先に砂川遺跡がひっそりとねむっている。

現在、遺跡は「砂川遺跡都市緑地」となっている。敷地内は梅の木を中心に、四季折々の花に彩られている。近所の人びとが農作業の合間に談笑したり、散歩やジョギングの道すがら一息ついたりするかたわらで、親子連れがモンシロチョウを追って歓声をあげている。

ここが、考古学史上著名な遺跡だということを示すのは、公園の入り口に掲げられた小さな看板一つだけである（図3）。

図2 ● 砂川の流れ
初夏の昼下がり、雑木林のなかをゆっくり流れる。

砂川遺跡とは

砂川遺跡は、考古学研究者にはよく知られた遺跡である。とくに旧石器時代の専門家にとっては、避けて通ることができない遺跡だ。しかし、一般には地元でさえも、ほとんど知られていないのではないだろうか。

遺跡が話題になるときのキーワードとなる「最大」「最古」「初めて」とは無縁、めずらしい遺物や遺構がみつかっているわけでもない。

ひとことで言えば、旧石器時代、およそ二万年前の日常の一コマが遺跡として残されているという、ただ、それだけなのである。

しかし、ごく普通のありふれた遺跡だからこそ、砂川遺跡は考古学の研究を語るうえで、なくてはならない存在となった。それは、この遺跡を舞台として、二万年前の日常を、具体的、詳細に解明する方法が研鑽されたからで

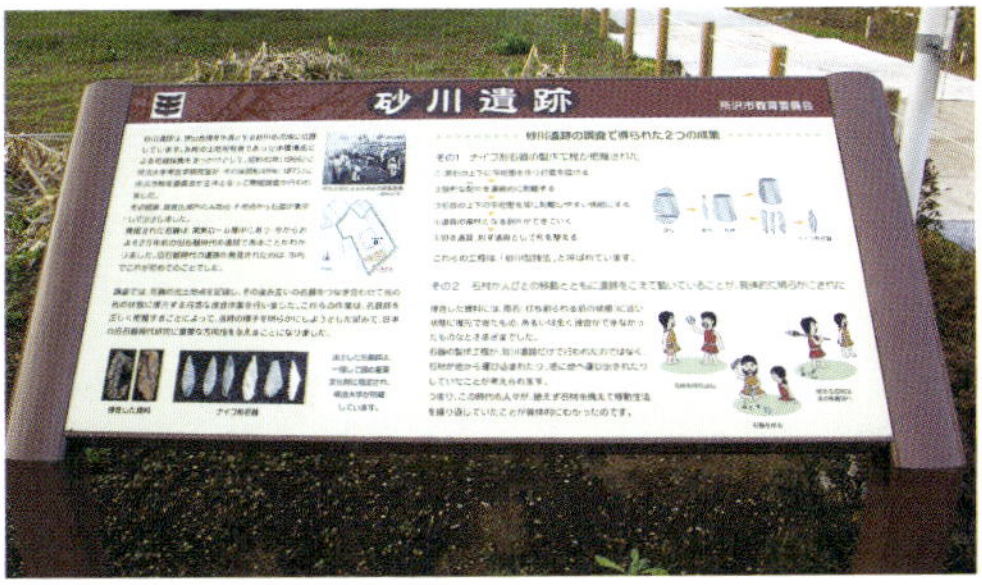

図３ ● **砂川遺跡**（南から）
遺跡は、特産の狭山茶畑に囲まれている。

ある。そしてその価値は、いまなお色あせていない。最新の研究に着実に接ぎ木され、新たな解明が進められつつある。

2　ゴボウ畑のナイフ形石器

狭山丘陵の裾野

武蔵野や行けども秋のはてぞなき　いかなる風の末に吹くらむ

（『新古今和歌集』巻第四―三七八）

と源通光《みなもとのみちてる》が詠んだように、武蔵野《むさしの》はどこまでもつづくかと思われるような平坦な土地である。その一角、ちょうど東京都と埼玉県の境に位置する狭山《さやま》丘陵は、ぽっかりと浮かぶ緑の島だ。東京近郊の数少ない緑のオアシスとなっている。丘陵の中央には、二つの貯水池（多摩湖・狭山湖）が築かれている

丘陵の北側にはゆるやかに起伏する地形がつづき、その斜面には、名物狭山茶の畑が広がっている（図4）。砂川遺跡がある埼玉県所沢市三ヶ島《みかじま》地区もまた、そうした狭山茶どころの一角にあたる。

本橋清による発見

砂川遺跡の発見は一九六五年にさかのぼる。この年、日本の旧石器時代研究の最初の集大成

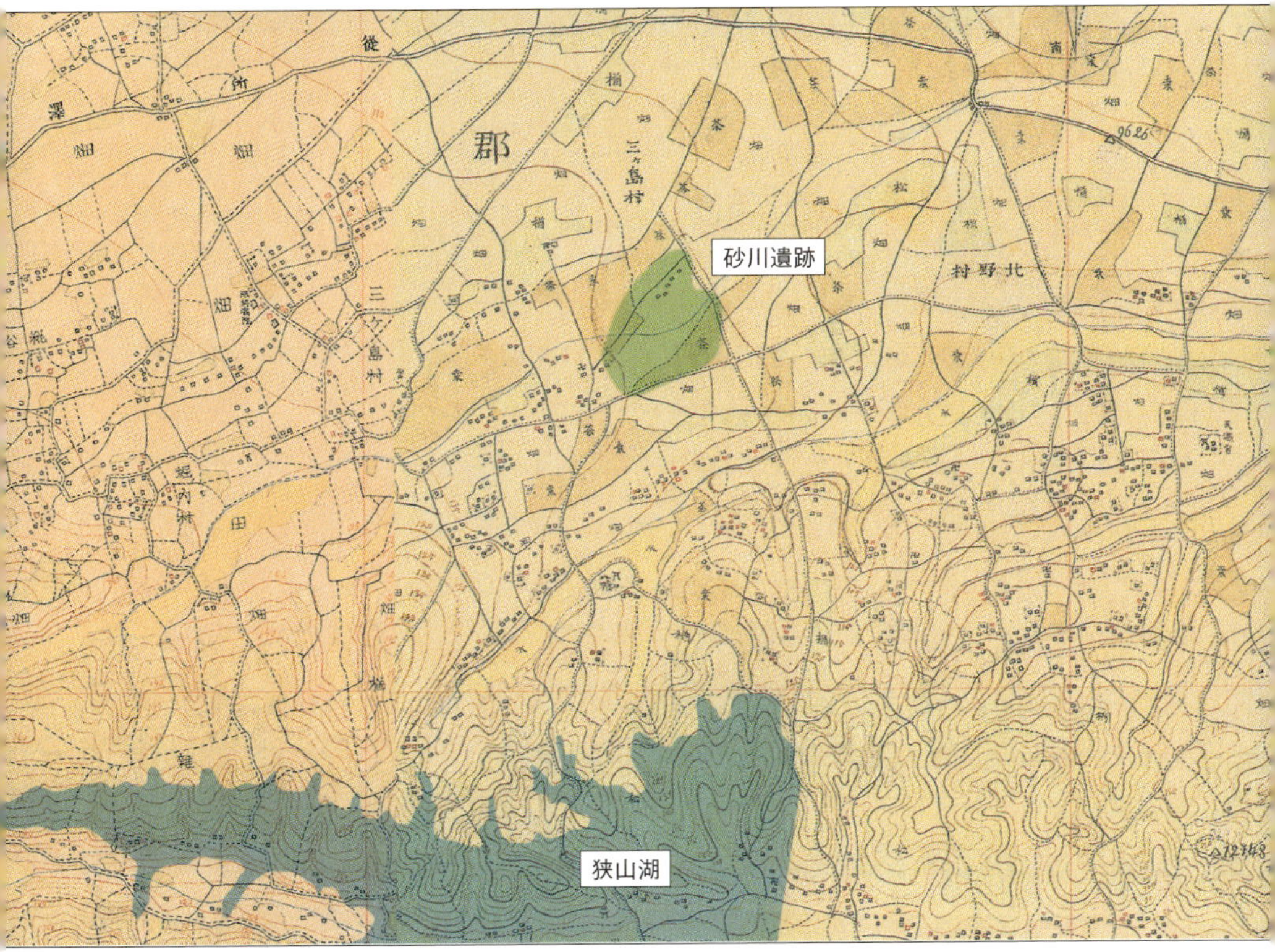

図４ ● **狭山丘陵の谷戸**（上）**と 1880 年**（明治 13）**頃の砂川遺跡の周辺**（下）
かつて、狭山丘陵の谷戸は水田、北裾の斜面や台地はお茶を中心とした畑地だった。狭山湖が築造され水田が放棄されると、丘陵の裾野は林地として保全されるか開発造成されることとなった。しかし、砂川遺跡周辺は大きな変化もなく、田園風景が残されている。

として、『日本の考古学Ⅰ　先土器時代』（河出書房刊）が出版された。それを手にした本橋《もとはし》清《きよし》（当時、所沢市文化財保護委員）は、さっそく自分の住む土地にも旧石器（先土器）時代の遺跡がないかと探索をはじめた。そして、遺跡がみつかったのは、なんと自身の畑であった。

それは先端を尖らせ、また鋭く長い刃をつけた、ナイフのかたちをした石器（ナイフ形石

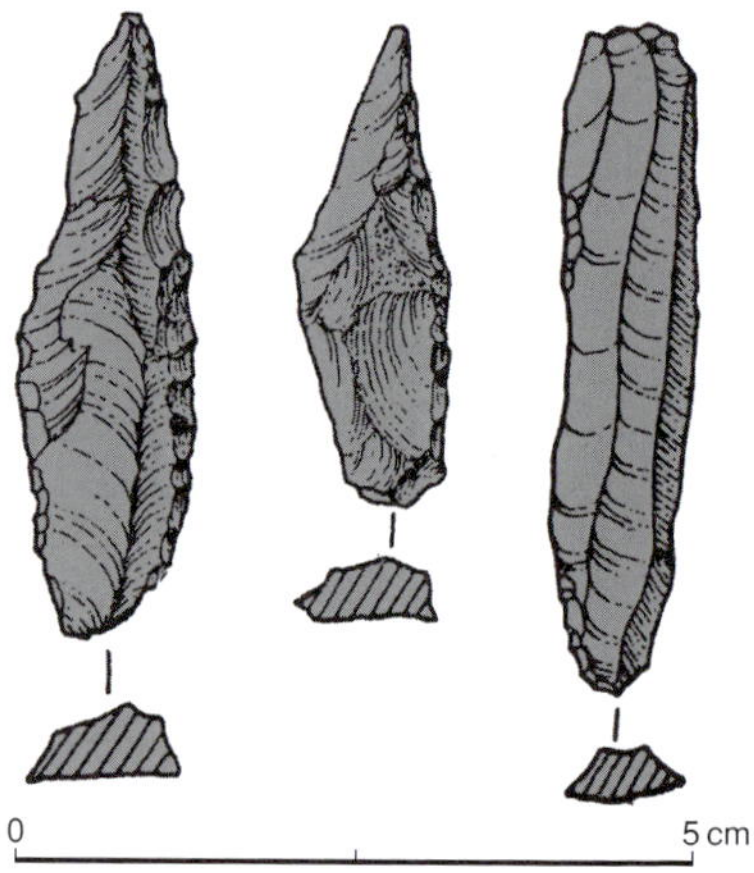

図5 ● 本橋が最初に採集した石器
左2点：ナイフ形石器
右：石刃（長さ約4cm）

図6 ● 砂川遺跡の地層に刻まれたトレンチャーの爪痕
ゴボウなどの作付けのためにローム層に深い溝を掘るトレンチャーは、しばしば武蔵野台地の遺跡に爪痕を残している。断面の黒い部分。

器）だった（図5）。

旧石器時代の遺跡は、地層のなかに深く埋もれており、地表で遺物をみつけだすことは、むずかしい。道路の切り通しなどで、人工的に古い地層が露出した崖面でみつかる場合も多い。日本で、旧石器時代の存在をはじめて示した岩宿《いわじゅく》遺跡も道路の切り通しで発見されている。砂川遺跡の場合は、ゴボウがきっかけであった。当時、東京への出荷が増加し、盛んになっていたゴボウの作付けのためにローム層が深く耕され、地中の石器が巻き上げられるようになって出てきたのである（図6）。

一九六六年までに二点のナイフ形石器を含む石器を採集した本橋は、遺跡の発見を戸沢充則《とざわみつのり》（当時、明治大学講師。のち明治大学学長）に報告、発掘調査の実施を熱くはたらきかけた。これが、砂川遺跡の第一次調査実施のきっかけとなる（図7〜9）。専門書を手にした地域の研究者が探究

図7 ● 砂川遺跡に立つ本橋（左）と戸沢
本橋は採集した石器を手に、出版社から聞いた戸沢の住まいを訪れ、
発掘をはたらきかけた。

図 8 ● 砂川遺跡第一次調査のメンバー
前列左から岡本東三、副島和明、安蒜政雄、鈴木忠司。後列左から三村（服部）久美、稲田孝司、戸沢充則、浜田信也。

図 9 ● 砂川遺跡の発掘
石器の出土位置に箸を立てて記録している。中央の麦わら帽子が戸沢。

した遺跡は、研究者自身の土地にあった。なんという僥倖《ぎょうこう》であろうか。

茂呂型ナイフ形石器

当時、旧石器時代研究の第一の目的は、その年代と文化の系譜・系統を確認することにあった。そのために、日本列島の各地からぞくぞくと発見されつつあった遺跡・石器について、たがいの新旧関係を明らかにする編年研究が、学界の中心課題であった。

本橋が参考にした『日本の考古学Ⅰ』では、明治大学の杉原荘介《すぎはらそうすけ》によって、敲打器《こうだき》（現在の斧形石《おのがたせっ》器《き》）文化→刃器《じんき》（ナイフ形石器）文化→尖頭器《せんとうき》（石槍《いしやり》）文化→細刃《さいじん》

図 10 ● ナイフ形石器の型式と地域性

器《き》（細石刃細石器《さいせきじんさいせっき》）文化という主要な道具の移り変わりが示された。さらにナイフ形石器文化については、地域性が明らかにされつつあった。東北地方から新潟県、長野県北部にかけては細長く尖った「杉久保型《すぎくぼ》」、近畿から瀬戸内地方には、翼状《つばさじょう》の剥片《はくへん》からつくられた「国府型《こう》」、そして関東・中部地方には鋭く長い刃をもつ「茂呂型《もろ》」などである（図10）。

しかし当時、関東地方でナイフ形石器が出土した遺跡はまだ少なく、研究は立ち遅れていた。その関東地方のナイフ形石器について、『日本の考古学Ⅰ』のなかで編年案を提示したのが戸沢であった。当然、戸沢は、本橋が持ち込んだ資料の重要性に目をつけた。そこには、みごとな「茂呂型」のナイフ形石器が含まれていたからだ。発掘によって、層位的な位置づけを明らかにすることができればと、戸沢は考えたという。

そして砂川遺跡の第一次の調査が、一九六六年一〇月二四日から三一日までおこなわれた。はたせるかな、二三点ものナイフ形石器（図11）と、その製作技法を

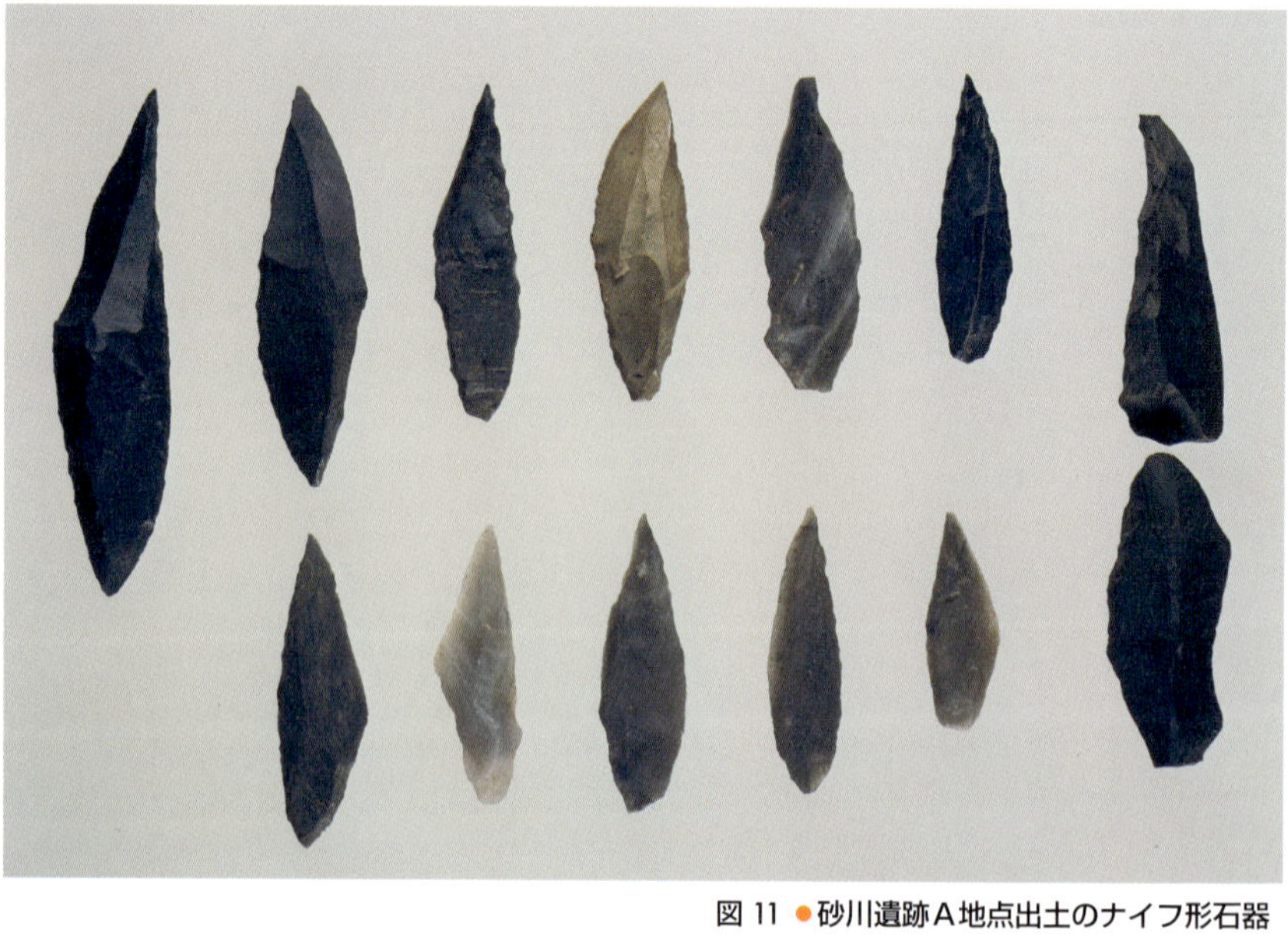

図 11 ●砂川遺跡A地点出土のナイフ形石器
（左端の長さ約 8 cm）

うかがい知ることのできる良好な資料、あわせて三六一点の石器がローム層から出土したのである。

ナイフ形石器の組み合わせ

第一次調査で出土した二三点のナイフ形石器は、そのかたちによって三つに分けられた（図12）。

Ⅰ　鋭い先端と長い刃を持つ、いわゆる茂呂型ナイフ形石器。周囲を入念に加工している。

Ⅱ　全体の形状が小さく幅広。刃の長さも短く、先端の角度も鈍い。

Ⅲ　素材の先端を斜めに断ち切っただけの簡単な加工によるもの。長い刃をもつ。

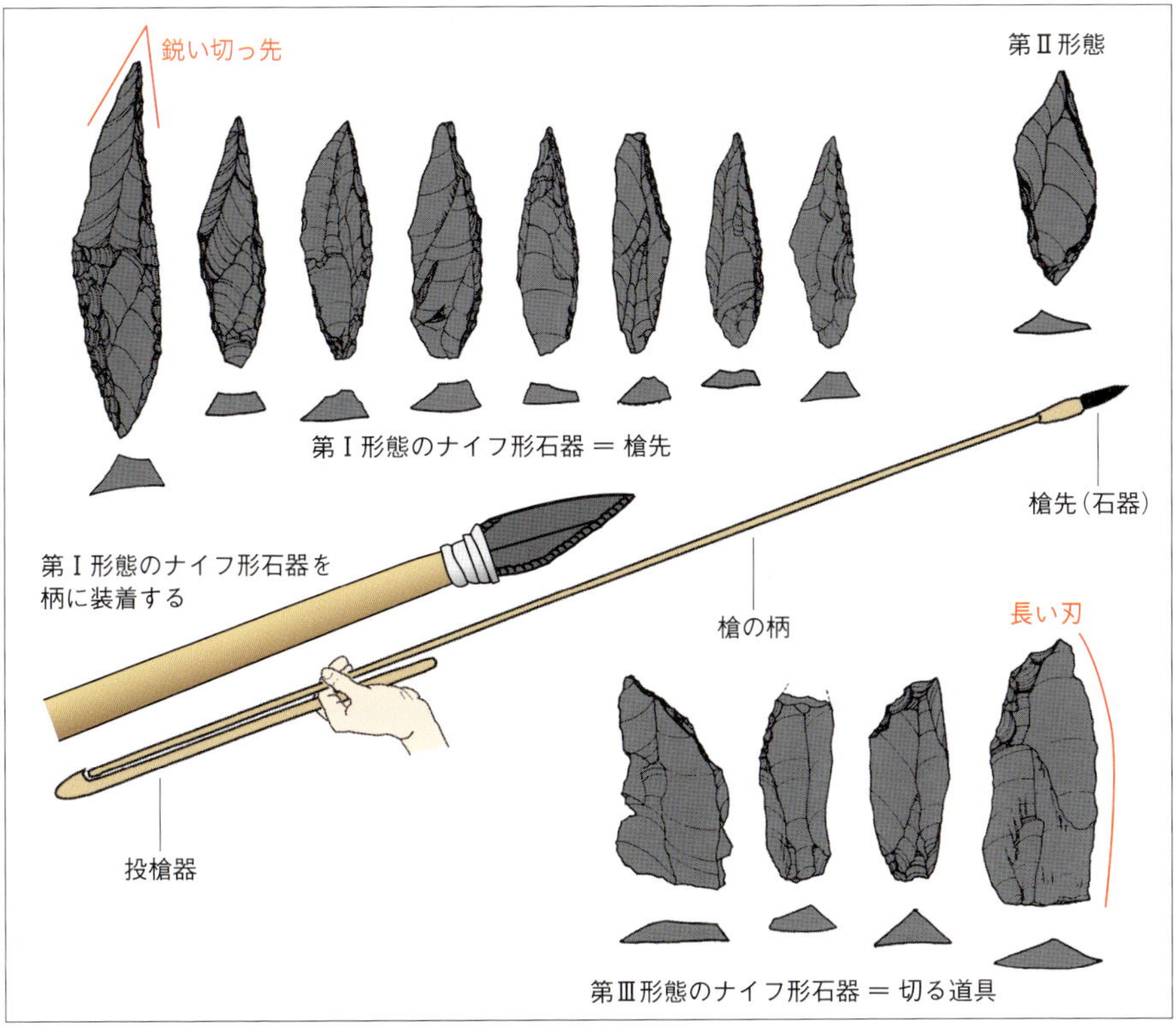

図12 ●ナイフ形石器の形態と用途の推定
細長く、鋭い切っ先の第Ⅰ形態は柄につけられ、槍の穂先と考えられた。
威力を増すために、投槍器も使用されていたかもしれない。長い刃をもつ第Ⅲ形態は、カッターナイフのような切るための道具と考えられた。

このうち、もっとも点数が多いのが、第Ⅰ形態である（一七点）。整った形状、つくりの精巧さからみても、砂川遺跡を代表するものといえよう。その形状や先端の欠け、刃に残された傷などからみて、突き刺すための道具、具体的には槍の穂先と考えられるものである。

ついで、第Ⅲ形態が五点。これはカッターナイフのように切るための道具で、第Ⅰ形態を補足するものと考えられた。

そして第Ⅱ形態は一点のみ。これは、切出形石器とよばれる別の種類の石器と似ていた。

さて、当時、関東地方で知られていたナイフ形石器を出土する遺跡のうち、東京都茂呂遺跡は第Ⅰ形態だけ、埼玉県市場坂《いちばさか》遺跡は多様な形態の組み合わせからなり、切出形石器をともなうことが注目されていた。

第Ⅰ形態が中心の砂川遺跡は、茂呂遺跡に似ている。一方、わずか一点ではあるが、切出形石器に類似する第Ⅱ形態もある。

そこで砂川遺跡は茂呂遺跡に近いが、しかし、市場坂遺跡の様相にも通じた両者の中間に位置づけられたのであった（図13）。

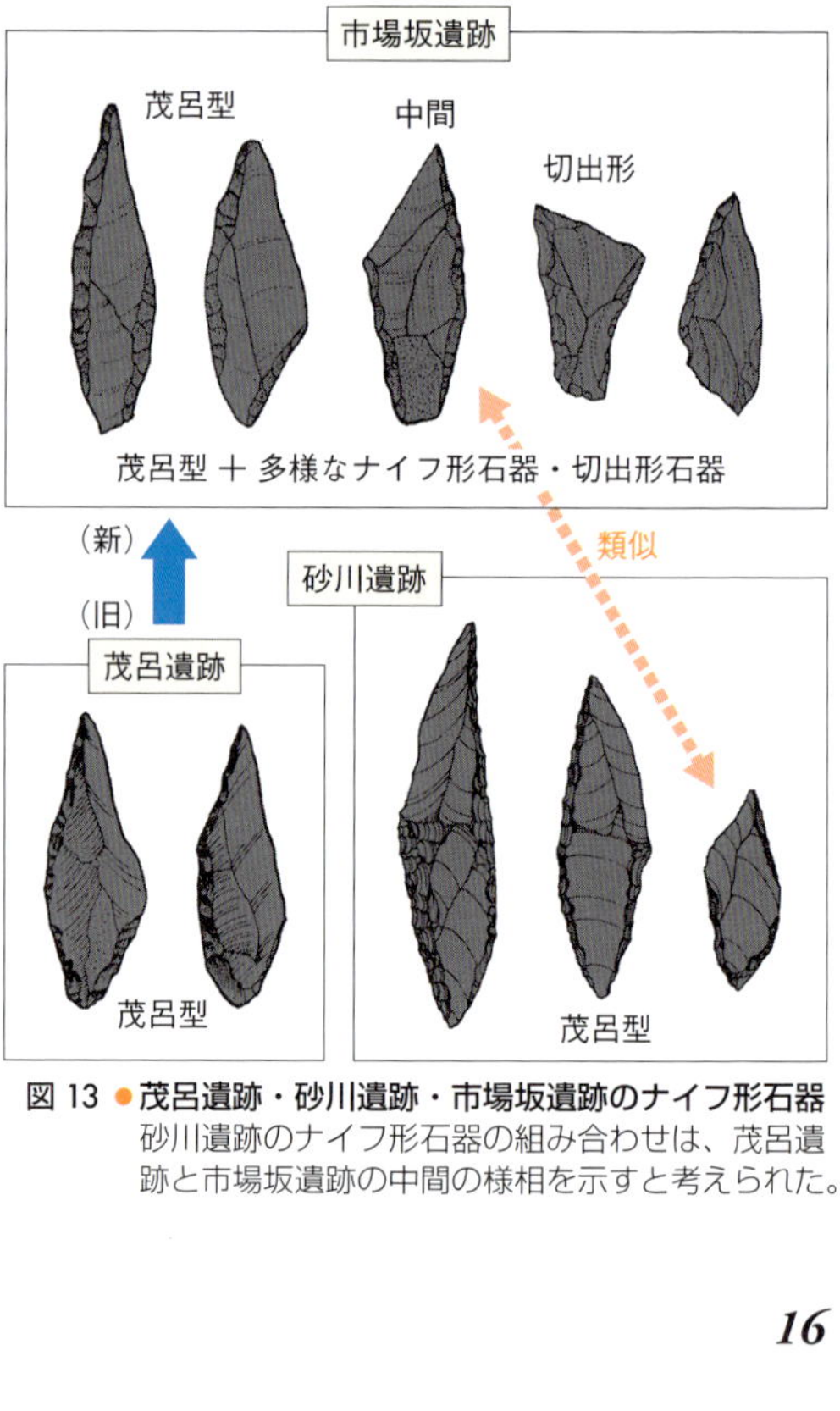

図 13 ● **茂呂遺跡・砂川遺跡・市場坂遺跡のナイフ形石器**
砂川遺跡のナイフ形石器の組み合わせは、茂呂遺跡と市場坂遺跡の中間の様相を示すと考えられた。

砂川遺跡の年代

それでは、実際の年代はどのくらいまでさかのぼるものと考えられたのだろうか。

当時、日本における旧石器時代の年代については、まだ議論がつづいていた。そのようななか、一九六五年には地層、火山灰、地形、古環境、そして考古学など、さまざまな専門分野の研究者が結集した団体研究の成果として、『関東ローム』（築地書館）という大著が刊行されたばかりであった。そこではローム層の年代が、世界的な氷河期の区分と対応づけられて示された。

そのころ、日本列島で発見された旧石器時代の遺跡は、そのほとんどが関東ローム層のなかでも最上部の立川ローム層中に含まれることがわかっていた。

その立川ローム層は、ヨーロッパ・アルプスで確立された氷河時代の編年のなかで

図 14 ● 砂川遺跡の地層と年代
砂川遺跡の立川ローム層の厚さは約 2.5 m、石器が出土したのはその最上部、地表より 30 ～ 50 cm ほどの範囲である。

も、もっとも新しい氷河期（ヴュルム氷期）に対応する地層であるとされていた。

砂川遺跡で茂呂型ナイフ形石器を含む石器が出土したのは、立川ローム層のなかでも最上部であった（図14）。ヴュルム氷期のもっとも寒かった時期（およそ二万年前）から、それ以後の地層である。したがって、砂川遺跡の年代もまた、二万年前よりやや新しい時期と考えられた。

3　二万年前の生活の跡

点在する地点

調査の時点までに、本橋は自身の所有する畑を中心に石器を採取できる地点を五カ所発見していた。その広がりは東西、南北にそれぞれ二〇〇メートルにおよぶ（図15）。

第一次調査は、そのうちA地点、およびC地点と名づけられた本橋の所有する畑の一角でおこなわれた。しかし残念ながら、C地点では耕作の影響により遺跡の包含層が攪乱《かくらん》されており、石器は出土しなかった。

A地点では東西五〇メートル、南北一一〇メートルの範囲に、二×二メートルの発掘区、計七〇カ所が調査された。しかし、そのうち石器が出土したのは、わずかに一〇×四メートルの範囲だけで、発掘した面積のうち、わずか一割程度に過ぎなかった。

どうやら、各地点の広がりはかなり狭く、遺跡は、そうした地点が散在する範囲としてとら

図 15 ● 砂川遺跡の広がりと地点
遺跡は、砂川が流れる谷地から一段高まった台地にある。湧水点とそこからのびる小さな谷を囲む範囲に、A～E地点が発見された。F地点は、1972 年にあらたに発掘された。

えられるようであった。

三つの石器集中部

またA地点では、発掘区のなかでも、とくに限られた三カ所に集中して石器が出土した。

ひとつひとつの集中した範囲は直径二〜四メートル程度、それが南北に三つ並んでいる（図16）。このような石器の集中部は、実は、すでに岩宿遺跡の発掘調査で注目されていた。発掘、報告を担当した杉原荘介は、集中部に石器の完成品だけでなく石器をつくる際に生じる石屑《いしくず》（石核《せっかく》や剥片《はくへん》など）が残されていることから、石器づくりの場所であったと推測した。住居の

パンスヴァン遺跡で想定復元されたテント状住居

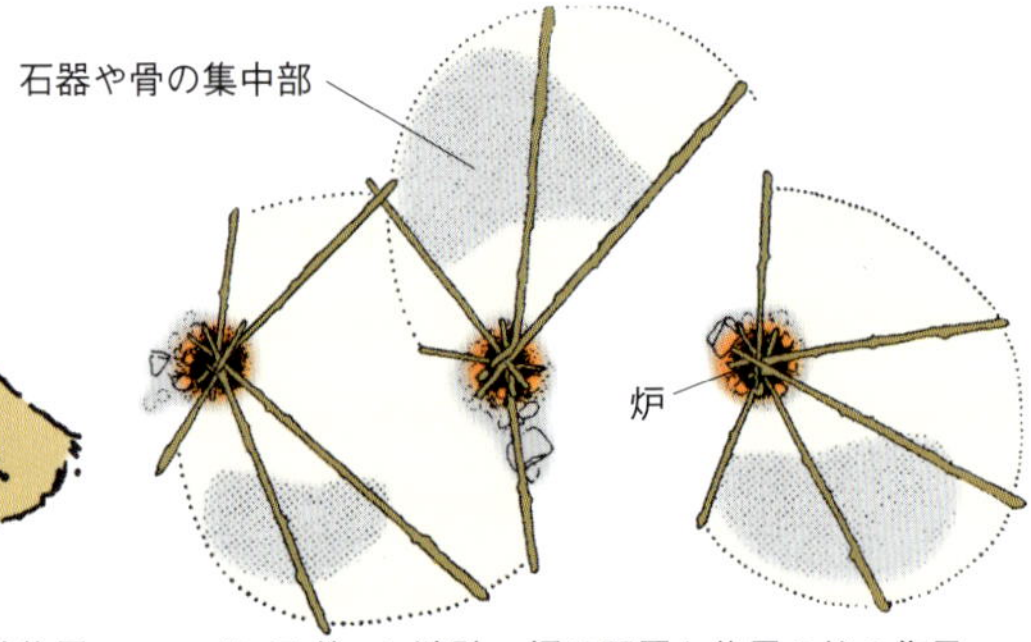

パンスヴァン遺跡、炉の配置と住居の柱の復元

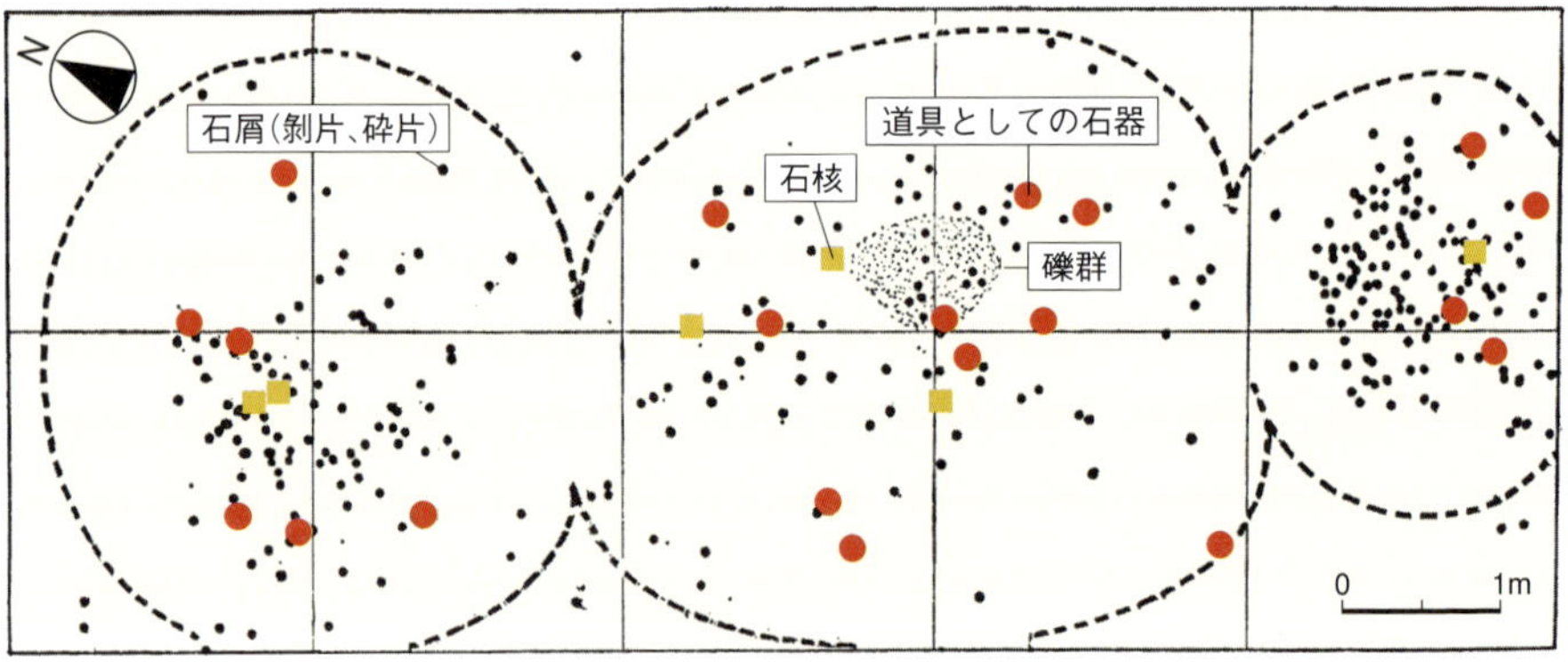

砂川遺跡A地点の石器集中部

図16 ● 砂川遺跡の石器集中部
砂川遺跡と同時期に発掘されたフランス・パンスヴァン遺跡では、炉跡を囲むように石器や骨が分布しており、その範囲をおおうようなテント状の住居が想定復元された。こうした想定は、砂川遺跡にもあてはめられた。

近くで石器づくりをした痕跡だと考えたのである。

その後、つぎつぎに発掘された遺跡（東京都茂呂遺跡、千葉県丸山《まるやま》遺跡、新潟県貝坂《かいさか》遺跡、同・神山《かみやま》遺跡など）も、そうした集中部一〜三カ所からなるものであった。そこで、こうした遺跡のあり方は、日本の旧石器時代においてはごく一般的なすがただと考えられたのである。

二万年前の生活の跡

砂川遺跡A地点の三つの集中部にも、それぞれ完成品としてのナイフ形石器だけでなく、石核や剝片などの石屑が含まれていた。どれも等しく石器づくりの場所だったようである。

旧石器時代の生活において、主要な道具であった石器をつくるという行為は、きわめて日常的なものであった。だから、生活の痕跡には石器づくりの跡がともなっている。言い換えるならば、石器づくりの跡は、すなわち居住の場所に隣接していたはずだと戸沢は考え、三つの石器集中部からなる砂川遺跡A地点を、ごくふつうの日常的な生活の跡であるとした。そして、まだ発掘されていない地点も含めて、同じように小規模な生活の跡がまだいくつかあるに違いない。それらが集まった場所、それが砂川遺跡であると考えたのである。

第2章　石器からわかる人の動き

1　石器の編年研究から生活・社会の復元へ

いつまで編年をやるか

すでにみたように、砂川遺跡の第一次調査がおこなわれた当時、旧石器時代の研究の中心は編年の確立にあった。

ほとんどの研究者は、できるかぎり編年をこまかく分けることが必要だと考えていた。これは、なにも旧石器時代研究に限ったことではなかった。縄文時代や弥生時代についても、やはり土器の型式研究にもとづく編年、その細緻化へと向かう流れが研究の中心となっていた。

しかし、砂川遺跡の第一次調査を担当した戸沢は、そのような時流に対して、「いつまで編年をやるか」と異議を唱えた藤森栄一《ふじもりえいいち》の教え子でもあった。

その戸沢が、砂川遺跡の調査と報告において、ナイフ形石器の編年的位置づけの解明にとどまらず、遺跡における人間の行動や生活の復元を試みたのは、当然のことであった。

石器群研究の方法

しかし、人間の行動や生活の復元といっても、一筋縄ではいかない。石器の用途ひとつをとっても、不明な点ばかりなのである。さらに、なにを食べたのか、どのような住まいだったのか、二万年という時を隔てて、わからないことは山積みである。

単なる想像ではなく、考古学的に実証するためには、まず、遺跡から出土する資料の分析からはじめなくてはならない。旧石器時代の場合、重要な手がかりとなるのは、もちろん石器である。とくに日本列島では、ヨーロッパなどのように動物の骨などが豊富に出土する遺跡がみつからないので、なおさらである。

石器研究の方法について、戸沢は石槍が出土する長野県の遺跡を調査研究した経験から、つぎのような考えを抱いていた。

編年中心の当時の研究では、注目されるのはナイフ形石器や石槍など、精巧な道具の完成品が中心であった。しかし、たとえばそれらの特徴的なかたちを区別するには、そのつくり方(技術)を明らかにする必要がある。そのためには、未完成品や失敗品、さらに石器づくりの途上で生じる石屑(石核・剝片・砕片《さいへん》など)を含めた、遺跡から出土する石器資料すべて(石器群)を対象としなければならない。

そしてもう一つ、石器群が残されている空間、つまり遺跡の研究も重要な課題である。

戸沢は石器のかたちと使いみち、製作技術を石器群の全体のなかでとらえ、さらに遺跡の研究も含めた総合的な研究方法を構想していた。

砂川遺跡の第一次調査とその後の研究は、まさにその実践の場でもあった。

2　復元された石器づくり

石器づくりの場所

ここでもう一度、砂川遺跡A地点の石器群と三つの石器集中部にたちかえってみよう。集中部1〜3から出土した石器の点数は、それぞれ一六六点、六〇点、一二八点であり、集中部1と集中部2では、数だけみると三倍近い開きがある。

しかしその内訳の比率は、よく似通っている。おもな品目は以下のとおりである。

石屑：かわら石を原料とする石器づくりでは、打ち割りの最後に残る芯の部分（石核）、打ち割りの条件を整える際に生じる調整剥片、こまかな調整や加工時に生じる剥片と砕片がでる。これらは総じて、石器づくりの際に、目的物とは別に生じる副産物、石屑である。

素材・道具：左右両側の縁辺が薄く鋭い刃となっている長方形の石刃《せきじん》は、ナイフ形石器など道具の素材になると同時に、それ自体も道具として使われる場合がある。

道具：突き刺すためのかたちと、切るためのかたちをしたナイフ形石器、木や骨の道具をつ

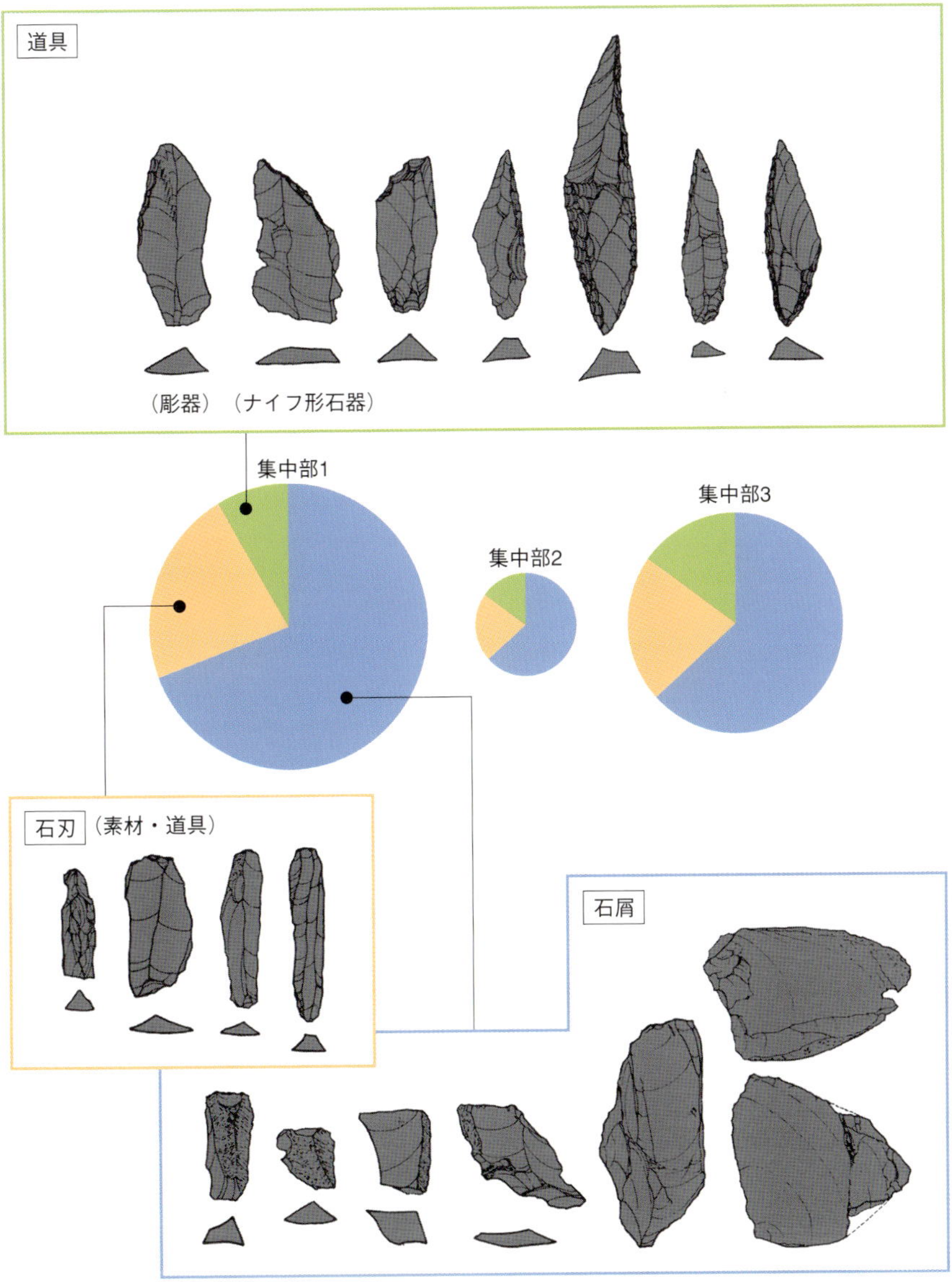

図 17 ● **砂川遺跡 A 地点の石器群の組成**
遺跡から出土する石器には、道具としての石器だけでなく、その未完成品や破損品、石器づくりの過程で生じる石屑も含まれる。その全体を「石器群」として研究の対象とすることが戸沢の構想の骨格であった。

くる工具である彫器《ちょうき》、そしてとくに加工はされていないが使用の痕跡が残っている剝片など。

これらの組み合わせを石器群の組成とする。すると、三つの集中部はそれぞれ、道具が五〜一五パーセント、道具の素材が二〇パーセント、石屑が七〇パーセントという、同じような割合であったことがわかる（図17）。

つまり三つの集中部は、規模の差はあるものの、共通する内容だったのである。そしてその性格は、石屑と道具の素材が九〇パーセントを占めることからわかるように、石器づくりにかかわる資料が圧倒的に多い。

ではつぎに、石器づくりの実態にくわしく迫ってみよう。

石器パズルへの挑戦

遺跡から出土する土器は、ほとんどが小さな破片である。そこで紋様などを手がかりに破片どうしをつなぎあわせる接合作業によって、もとのうつわの状態を復元する。一方、石器の接合作業は、それとは大きく異なっている（図18）。

打製石器は、かたい石を素材とし、打ち割りによって目的とするかたちをつくりだす。石は、こねたり、曲げたり、溶かしたものをまた固めたりといった、自由な変形ができない。そこで、こつこつと少しずつ、ときには大胆に、素材を打ち割って余分な部分をとり去り、必要とするかたちをつくりだすのである。

その過程では、さまざまな大きさやかたちの石屑が生じる。その石屑を集めて接合すると、どうなるだろうか。もし、一片の石屑も失われずに遺跡に残っていたなら、完成品の石器のまわりに、打ちはがされた石屑がつぎつぎに接合するだろう。そして、すべてを接合したときにあらわれるのは、一個の石のかたまり、すなわち石器づくりのおおもとの原料である。

そしてこの接合資料から、ひとつずつ石片（石器と石屑）をはがしていくと、打ち割りの過程を、順を追って再現することができる。それは、原料と打ち割りのためのハンマーを手にした旧石器時代人の、石器づくりの動作のひとつひとつを再現することにほかならない。つまり石器の接合作業とは、過去の人間行動を復元する絶好の手段なのである。

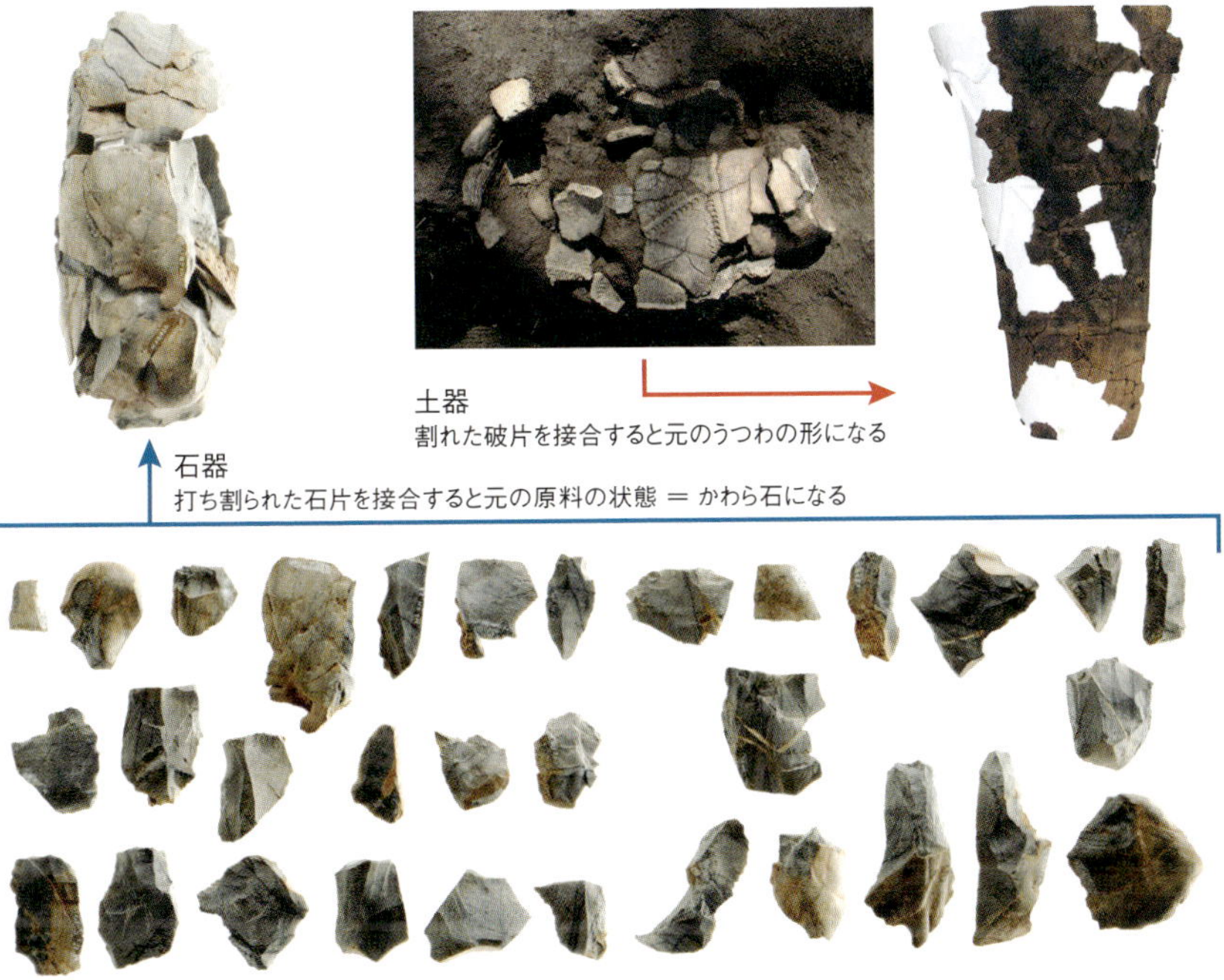
土器
割れた破片を接合すると元のうつわの形になる
石器
打ち割られた石片を接合すると元の原料の状態 ＝ かわら石になる

図 18 ● 土器と石器の接合資料
土器の接合は、元の器の形を復元する。石器の接合は、原料の状態を復元する。
石器：所沢市本郷東上遺跡出土接合資料（接合状態の高さ 17 cm）
土器：東久留米市自由学園南遺跡出土縄文土器（高さ 48 cm）

図 19 ● 砂川遺跡Ａ地点の接合資料
原料の外側はあるが、芯の部分を欠く接合資料（左上、高さ 13.4 ㎝）と芯の部分はあるが、外側を欠く接合資料。

『埼玉県砂川遺跡の石器文化』と題された砂川遺跡第一次調査の報告では、二五例の接合資料が図と写真で示された。それは、当時において例をみない数量である。

一点ずつ、丹念に石器を観察し、わずかな特徴も見のがさない、そんなこまかなとり組みの成果であった。

砂川型刃器技法

しかし、砂川遺跡では一五例の接合資料はどれも、おおもとの原料（石塊）には戻らなかった。どれもが、部分的に欠けていたのである（図19）。

たとえば、あるものは石塊の外側の部分は残っているが、まん中の芯の部分が足りない。また別のものは、

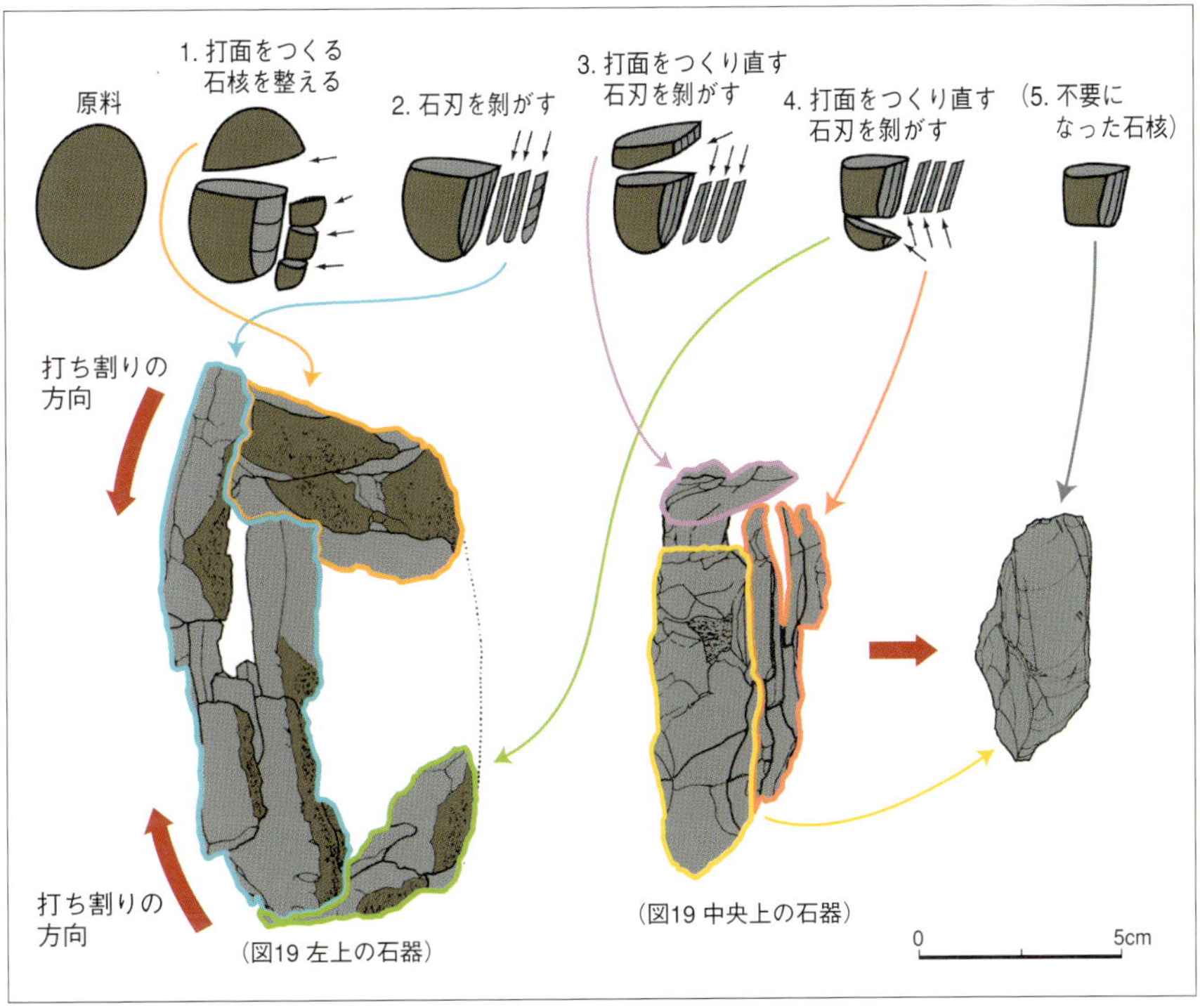

図 20 ● 石刃の生産（砂川型刃器技法）
かわら石の表皮（礫面）を除去しつつ、ハンマーを打ち当てる平らな面（打面）と石刃を剥がしとる場所（作業面）を整える。準備が整うと、連続的に同じような形状の石刃が打ち剥がされる。時に、打面を更新し、作業面を修整して、さらに石刃を打ち剥がす。最終的に原料の芯の部分（石核）が残される。

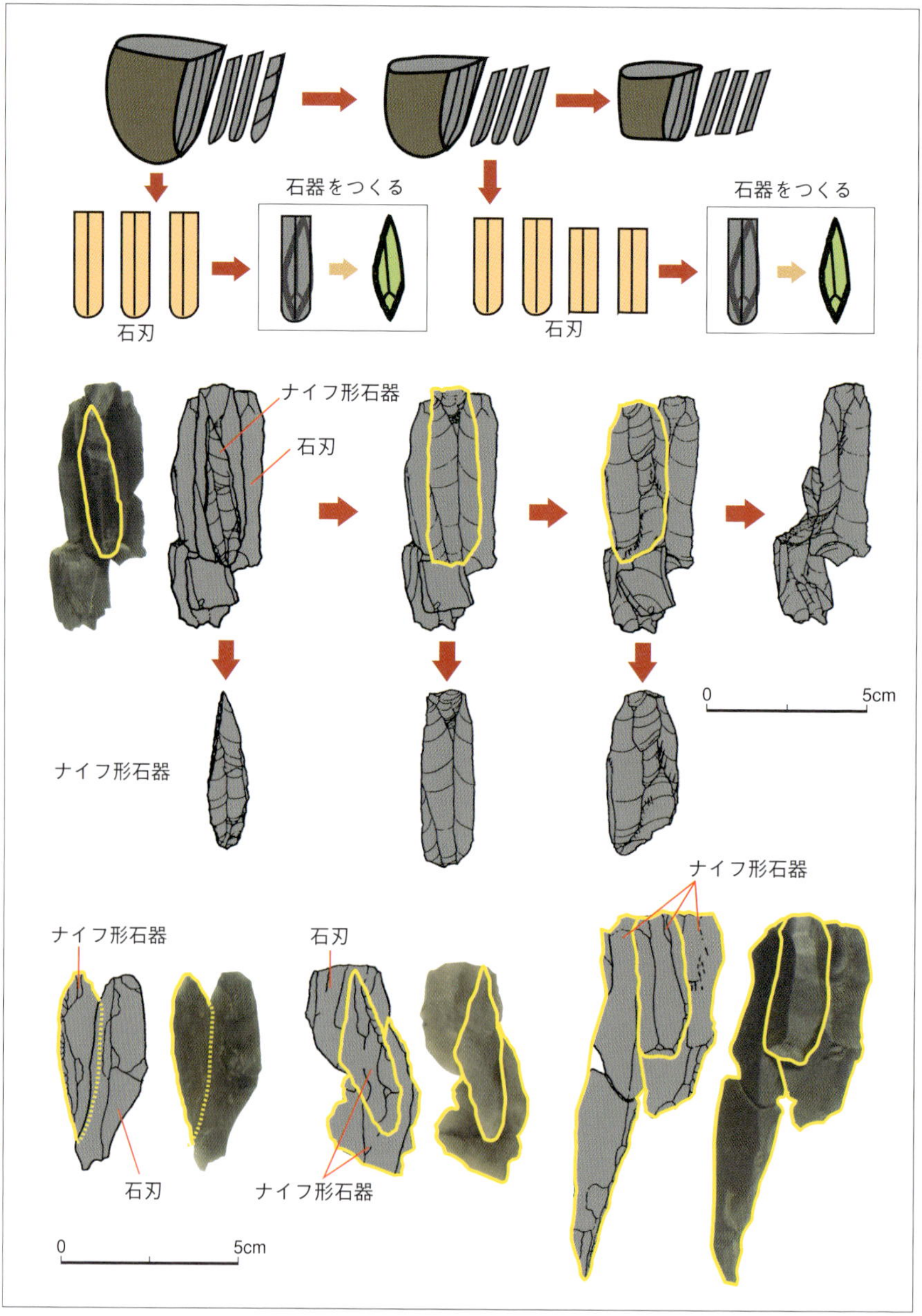

図 21 ●石刃からナイフ形石器をつくる
石刃の一つの縁辺を刃部に設定し、残りの部分を打ち欠いてナイフ形石器のかたちをつくりだす。

芯の部分とその周囲は残っているが、外側の部分がみつからない。しかし全体をみると、それぞれが足りない部分を補いあって、石器づくりの全体を明らかにすることができた。つまり接合資料を通じて、砂川遺跡におけるナイフ形石器づくりの手順と、その技術的特徴が具体的に示されたのである。それは、戸沢によって「砂川型刃器技法《すながわがたじんききぎほう》」として提唱されることになった。

砂川型刃器技法とは、石刃を効率よく連続してつくりだす技法である（図20）。原料のでこぼこした表皮の部分をとり除いて打ち割りに適した状態をつくりだし、また作業の途中でも適宜修整を加えることが特徴である。結果、石屑として捨てられる部分も少なくないが、一方で、すぐれて均質な素材を多く手に入れることができる。

砂川遺跡では、この石刃から整った形状のナイフ形石器がいくつもつくりだされている（図21）。砂川型刃器技法は、使うたびに損耗する狩りの道具を、つねに同じような状態で補充するために適した技法なのである。

3　遺跡のなかの人の動き

石器をつくり、使う

ところで、砂川遺跡A地点での石器の接合は、まず、出土した石器群全体を、石材の特徴によって分けることから開始された。それはすなわち、一つの石塊から打ちはがされたと考えられる一群の石器・石屑をより分ける作業である。そうして分けられた一群の石器・石屑は、一個体の原料からつくりだされたもので、「個体別資料」とよばれる。

そして発掘時の記録にもとづき、接合資料、個体別資料のそれぞれの出土位置が確認された（図22）。すると、以下のような事実があきらかになった。
①接合資料および個体別資料は、一つの集中部にまとまって分布する。
②ナイフ形石器など使われた道具は、そうしたまとまりから離れて出土する場合がある。
接合資料および個体別資料が一つの集中部にまとまっているということは、まさにそこで一つの石塊を打ち割った場所だということを意味する。

とくに、打ち割りの際に生じる石屑は、使われることなく捨てられる残滓である。集中部を構成するのは、大半が石屑であり、打ち割りがおこなわれた場所に不要品がそのまま残されている状態を示している。

一方で②は、道具としての石器が、つくられた場所から持ち出されたことを意味する。道具をつくる場所と使う場所が、別々にあったことを示している。
①からは、集中部に向かい合って座り、ハンマーを手に石塊を打ち割っていた旧石器人の姿が、そして②からは、石器づくりを終え、完成した道具をたずさえ、集中部から立ち去ってゆく旧石器人の姿が浮かび上がってくるではないか。
人の動きとモノの動きという具体的なすがたが、二万年の時を越えて、遺跡のなかからよみがえったのである！

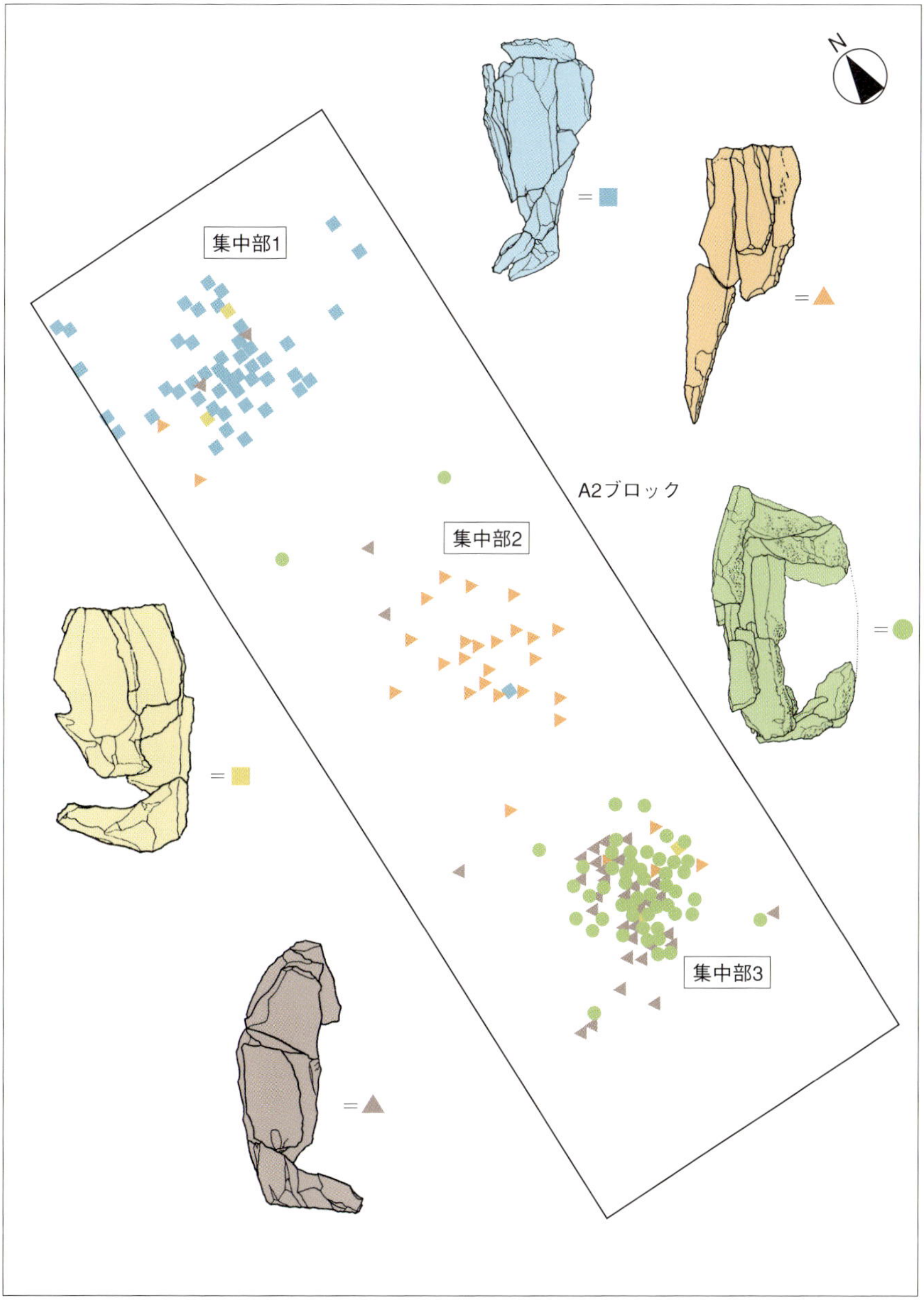

図 22 ● 砂川遺跡 A 地点の個体別資料の分布
発掘時に 1 点ずつ記録した出土位置を、個体ごとに色分けすると、
集中部ごとのまとまりが明らかになる。

石核はどこに消えた？

このような、接合資料と個体別資料のこまかな分析にとり組んだのは、当時明治大学の学生だった安蒜政雄《あんびるまさお》（現・明治大学文学部教授）である。

安蒜は詳細な観察にもとづき、さらなる追究を進めた（図23）。先にみたように、砂川遺跡A地点の接合資料、個体別資料は、すべて一部分が欠けていた。その欠けている部分には、二つのパターンがある。

類型A：石核を含むまん中の部分が残っている個体。しかし、表皮の部分が欠けている。

類型B：石核を含まない個体。まん中の部分が欠けているが、表皮の部分は残っている。

これらの類型には、いずれも石刃と調整剝片や砕片、そしてナイフ形石器が含まれる。違いは、表皮の部分と石核の有無である。石塊を打ち割りはじめた最初の段階では、必ず表皮の部分が残る石屑が生じる。一方で、打ち割りの終了時には、必ず石核が残される。つまり、表皮の部分は作業のはじまりを、石核は作業の終了を示すのである。

類型Aでは表皮の部分がなく、類型Bでは石核がない。類型Aでは作業の開始段階、類型Bでは終了段階が、それぞれ遺跡のなかから忽然と消えてしまっているのである。

持ち運ばれる石器

さて、ここで個体別資料のもう一つの類型にも注目しよう。

類型C：石核、調整剝片、砕片を含まない、石刃または石器だけからなる個体。

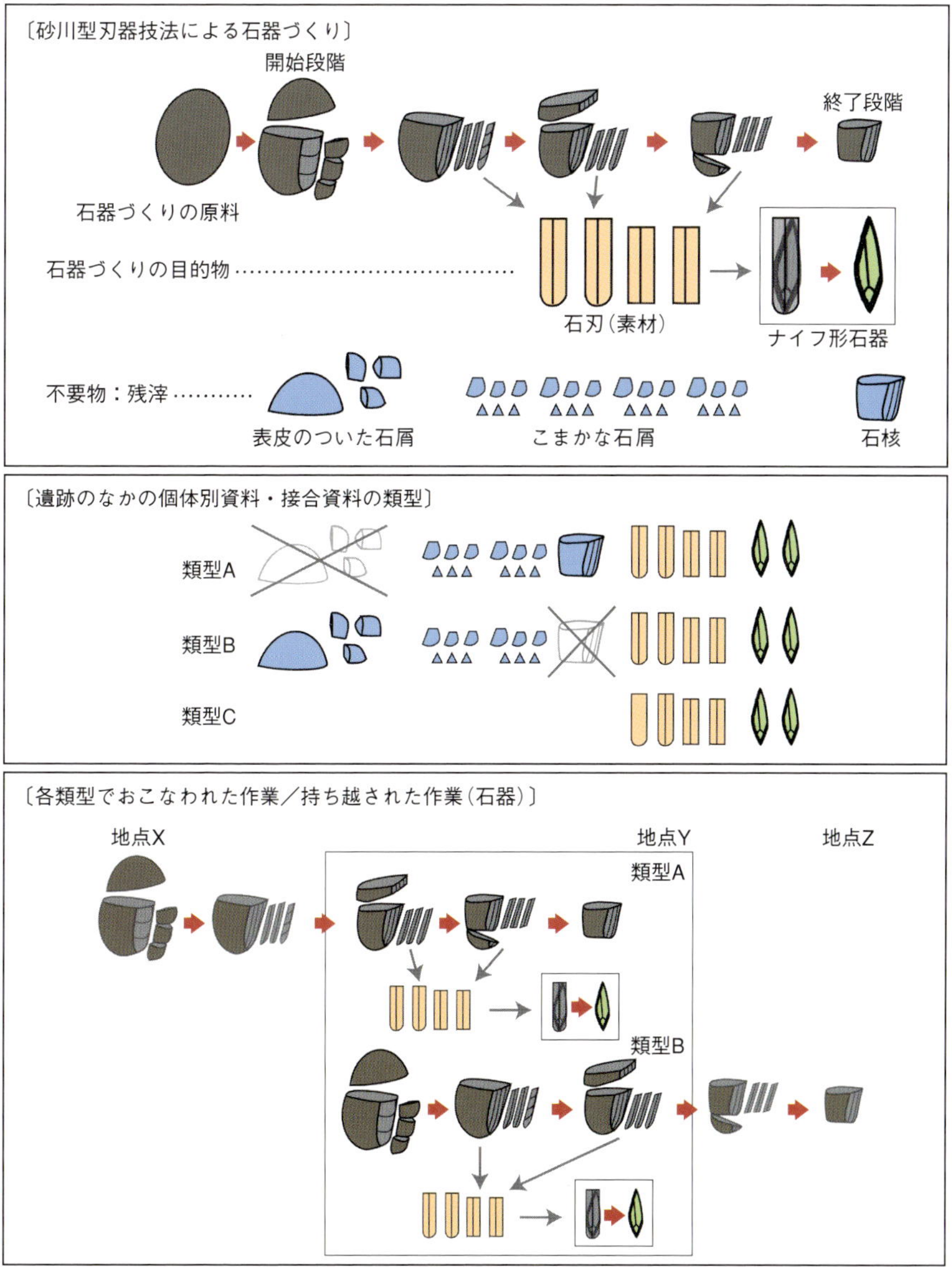

図 23 ● 個体別資料の類型と持ち運ばれる石器、持ち越される作業

類型Aと類型Bは、それぞれ打ち割り作業の前半と後半部分が遺跡に残されていない。ほかの場所に残されていると考えられる。X地点での類型Bは、Y地点での類型Aとなり、Y地点での類型Bは、Z地点での類型Aとなる。作業の半分ずつが、つぎつぎに持ち越される。また、各地点で類型A・Bの個体から持ち出された石器は、ほかの地点で類型Cとなる。

これは、道具とその素材が、つくられた場所から持ち出された状態を示している。

先に、集中部の間で、そのような持ち出しや持ち込みがあることを確認した。ところが類型Cは、遺跡のなかでつくられた場所がみつからない。つまり、発掘されたA地点以外の場所でつくられ、持ち込まれたと考えられるのである。またその裏返しとして、類型A、Bのなかからも、持ち出された石器などがあったと推測される。接合資料のなかの欠落部分は、どこか別の場所に残されているのではないか、ということである。

それは、類型Aの表皮の部分、類型Bの石核についても同じだろうか？　そうだとすると、それは単なる石器の持ち運びというだけではない。打ち割りの作業を途上でやめて別の場所へ持ち越し、再開したということである。

砂川遺跡A地点では、どの個体別資料も、類型AまたはB（あるいはC）であった。つまり作業が完結されることはなく、すべて、どこからか持ち込まれてきて、またどこかへ持ち出されていった（図23）。

では、砂川遺跡A地点に残されていない部分の作業がおこなわれた「ほかの場所」とは、はたしてどこにあるのだろうか？

その解明のためには、さらなる遺跡の発掘と、研究の進展をまたなければならない。

第3章　二万年前のムラ

1　月見野遺跡群と野川遺跡

月見野遺跡群

砂川遺跡第一次調査の報告が刊行された一九六八年、日本における旧石器時代遺跡の調査研究は、大きな転換点を迎えようとしていた。その画期となったのが、神奈川県月見野《つきみの》遺跡群と東京都野川《のがわ》遺跡の二つの発掘調査である。

月見野遺跡群の発掘は、大規模な宅地造成に先立つ緊急調査であった。明治大学考古学研究室を中心に、相模野台地のほぼ中央を流れる小河川、目黒川《めぐろがわ》に沿って点在する計一〇地点について、かつてない規模の面積が調査された。

そこでは、いくつもの石器集中部や礫群《れきぐん》が、地層のなかに重なり合うような状態で発掘された。それまで予想されていた以上に密集する、旧石器時代の遺跡が発見されたのである。

砂川遺跡につづき調査を担当した戸沢は、発掘された個々の集中部をイエとした。そして複数の集中部からなる遺跡が小河川沿いに近接している状態、つまり遺跡群の全体を、いくつものイエが集まって生活空間を共有する、旧石器時代のムラの姿であると考えたのである。

野川遺跡

つづけて一九六九〜七〇年には、国分寺崖線《こくぶんじがいせん》の湧水を集めて流れる野川の改修工事に先立つ緊急調査として、野川遺跡の発掘調査が実施された。

ここでは四メートルにおよぶローム層のなかから、いくつもの集中部からなる文化層（一時代の生活の広がり）が一〇枚も重なり合って検出された。これにより、主要な石器の型式、形態とその組み合わせを、地層中における出土の順序に沿って並べる、層位編年の方法が確立された。それは、地層の年代と性質、鍵層となる火山灰の科学的分析に裏打ちされたものであり、その後、AT火山灰の発見とともに、全国的な編年の基準となるものであった。

また野川遺跡を調査した小田静夫《おだしずお》らは、各文化層の集中部を、その内容（おもに規模と石器の組み合わせ）にもとづき分類、いくつかの異なる活動の場としてとらえる「セトルメント・パターン」研究の方法を提唱した。

「月見野・野川」と砂川

日本の旧石器時代研究は「月見野・野川以前と以後」に画期されると指摘したのは、ほかならぬ戸沢であった。大規模な発掘による新たな知見、および新たな研究方法を導入したという点では、まさにそのとおりである。

しかし、接合資料を通じての石器づくりの復元、石器集中部の詳細な分析、それらにもとづく生活の復元など、研究の基盤となる部分については、実は、砂川遺跡がはたした役割のほうがはるかに大きかった。「月見野・野川」の調査研究は、砂川での実践のうえに展開することができたのである

そして「月見野・野川」の成果は、砂川遺跡の調査・研究にも、あらためて反映された。その具体的な場となったのが、砂川遺跡の第二次調査である。

2　砂川遺跡のムラのすがた

砂川遺跡の第二次調査

第一次調査の後も、砂川遺跡では、本橋による資料収集が着実につづけられていた。そして一九七二年には、A地点に隣接した畑から、一連のものと考えられる石器がみつかった。この報告は、第一次調査を実施した戸沢らに注目された。A地点の広がりをとらえることができるかもしれない。

同時に、石器がゴボウの耕作にともなって採集されたことも注意された。このままでは、深耕によって良好な包含層が破壊されてしまう。

こうして、一九七三年二月三日から一〇日にかけて、所沢市教育委員会の主催により、八王子市郷土資料館（当時）の服部敬史《はっとりけいし》を担当者とした第二次調査が実施された（図24）。そして新たに三つの集中部から、二五点のナイフ形石器を含む四三一点の石器資料が出土したのである（図25）。この地点は、F地点と命名された。

結びついた二つの調査

F地点から出土した石器群は、層位や内容からみて、A地点と一連のものであることは間違いなかった。

新たに検出された三つの集中部も、その規模や内容はA地点とよく似ていた。そこで、すでに分析、報告がなされているA地点の発掘資料もあわせて、再度、個体別資料の分類と接合がおこなわれた。すると、A・F両地点にまたがる個体別資料、接合資料が見出された。つまり、発掘された二つの地点は、

図24 ●砂川遺跡F地点出土の発掘
2×2ｍの調査区をつぎつぎと掘り下げ、石器が出土すると発掘の範囲が広げられた。

図 25 ●**砂川遺跡 F 地点出土の石器**
上：ナイフ形石器（左上の石器の長さ約 5 ㎝）。
下：砂川型刃器技法の接合資料（上段）と石刃（下段）。

距離が近く、内容が似ているというだけでなく、石器づくりのうえで実際に関係を有する、ひとつづきのものだったのである。

みつからなかった石槍

さて「月見野・野川」では、それまでの考えを大幅に塗りかえる層位編年が提示されていた。立川ローム層の上部から出土し、茂呂型ナイフ形石器を中心とする砂川遺跡は、そのうちの後半部分（武蔵野台地の第Ⅱb期、相模野台地の第Ⅳ期前半）に相当すると考えられた。

しかし、問題もあった。砂川遺跡の石器のうち、ナイフ形石器と彫器の特徴は、その編年と一致している。また「砂川型刃器技法」も、同時期の石器づくりの特徴と合致している。ところが、月見野遺跡群をはじめ、いくつかの遺跡では、ナイフ形石器とともに少数ではあるが、石槍も出土していた（図26）。ここから、ナイフ形石器の時代が終わりに近づき、あらたな石器が道具だてのなかに加えられるようになった時期であると評価されたのである。

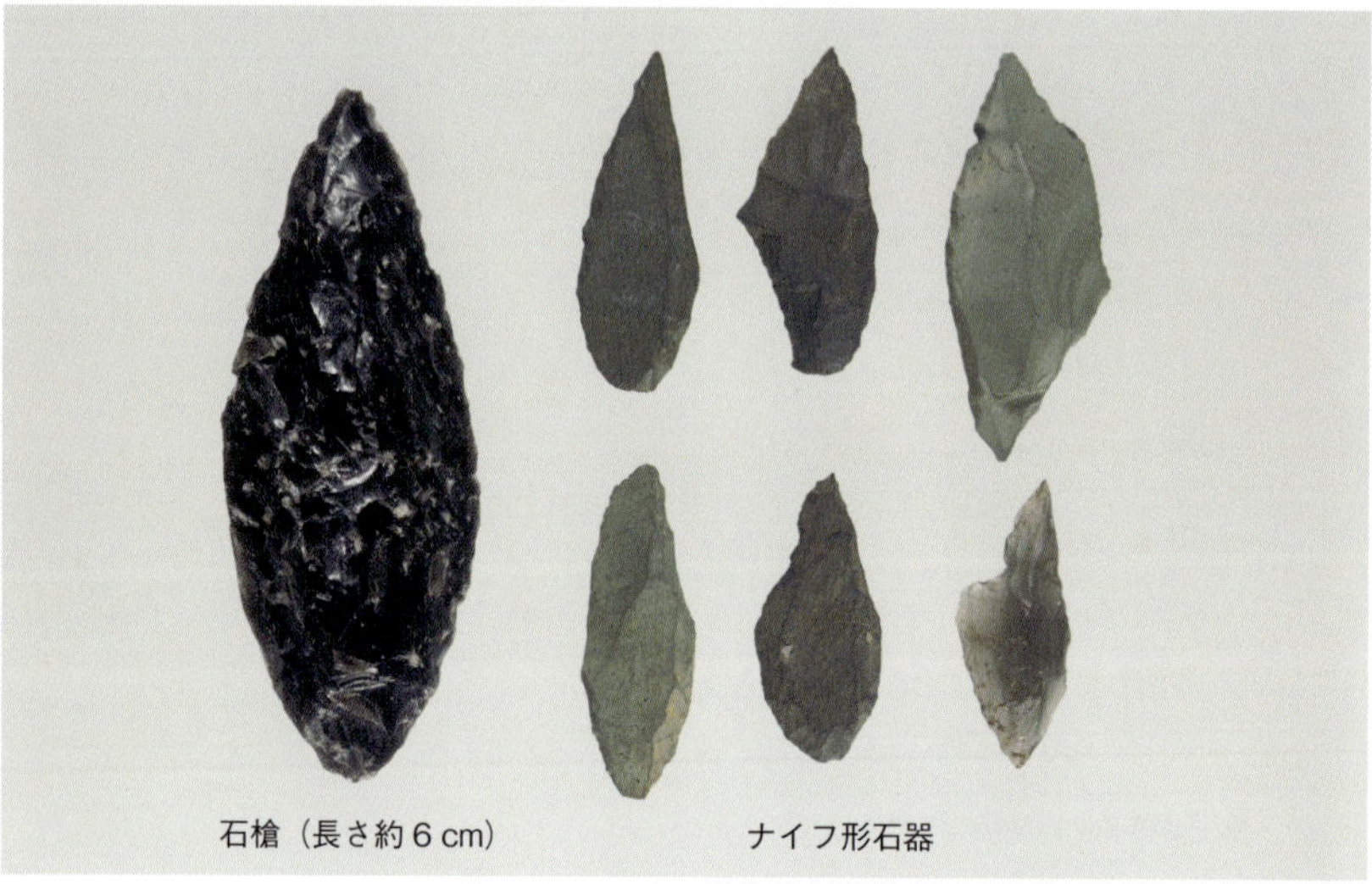

図26 ● 月見野Ⅰ遺跡の石槍とナイフ形石器

ところが砂川遺跡では、Ａ・Ｆ両地点のすべての出土石器をくわしくみても、石槍そのものだけでなく、石槍の存在を示す間接的な証拠すらみつからなかったのである。

たしかに、本橋が採取した石器のなかには、いくつかの石槍が含まれていた。それなのに、発掘された石器集中部のなかには、その姿はなかったのだ。

この石器の組み合わせに関する問題については、後でもう一度検討することにしよう（第5章参照）。

砂川遺跡の構成

さて、二次にわたる調査により、砂川遺跡ではあわせて六つの石器集中部が発掘された（図27）。その規模や内容は、Ａ・Ｆ両地点の間に大きな差はない。

丹念な接合作業の結果、Ｆ地点ではあらたに一七例の接合資料が得られた。また、Ａ地点との間にも二例の接合が追加された。あわせて六九個体に分類された個体別資料のうち、Ａ・Ｆ両地点にまたがって分布するものは、三個体（四パーセント）であった。

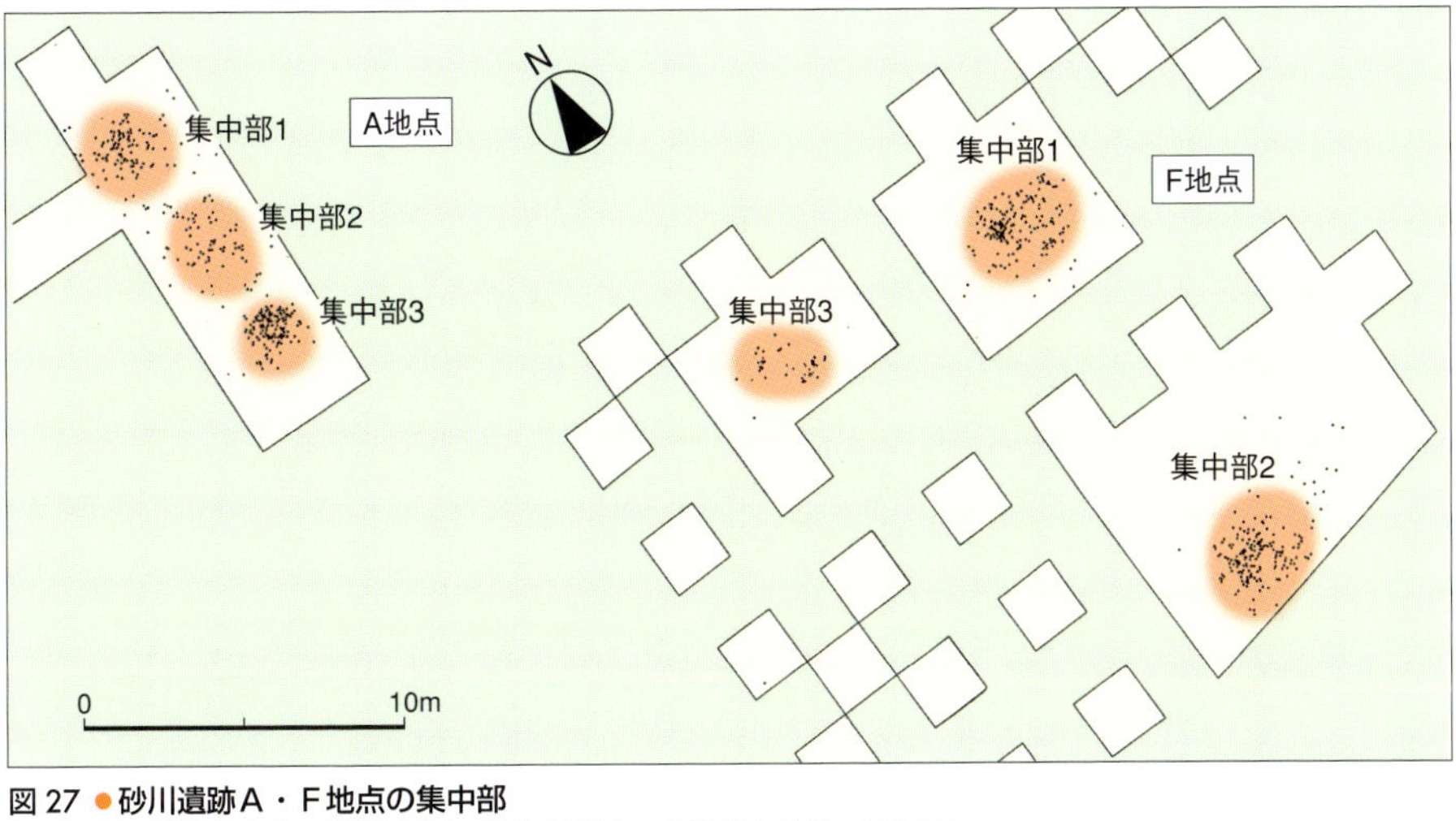

図 27 ● 砂川遺跡Ａ・Ｆ地点の集中部
Ａ地点の南東で発掘されたＦ地点では、Ａ地点と規模、内容の似かよった集中部があらたに三カ所みつかった。

Ａ・Ｆ両地点にまたがる個体別資料、接合資料を検討した安蒜は、両地点はどちらかが先でどちらかが後ということではなく、同時に存在したと考えた。しかし地点間の結びつきは、地点内よりは弱い。したがって、砂川遺跡Ａ・Ｆ両地点は、同時に存在しながらも、それぞれが独立した生活の単位だと考えられた。

遺跡に暮らした人間の復元

接合資料と個体別資料に精緻な分析を加えた安蒜は、砂川遺跡の六つの集中部の解明に、さらに深く踏み込んだ。集中部にかかわった人間の姿をあぶりだそうと試みたのである。

接合資料、個体別資料とは、すなわち、一個の石塊に対しておこなわれた石器づくり（打ち割り）の結果である。そのなかには、不要な石屑多数と、いくつかの目的物（ここではおもにナイフ形石器）が含まれていることは、すでにみたとおりである。

安蒜は、このうちナイフ形石器のつくり方に着目し、そこにいくつかの「癖」を見出した。そしてこの「癖」が、石器のつくり手を特定する手がかりになると考えたのである。集中部ごとの「癖」は平均すると三つであった。つまり、ひとつの集中部は三人程度の石器のつくり手による打ち割り、石器づくりの痕跡なのではないか？

安蒜は、さらに推測を進める。居住の場としての遺跡には、石器のつくり手以外にも一〜二人程度の同伴者がいたのではないか。とすると、ひとつの集中部あたり五人前後の人間がかかわっていたと想定されるだろう。

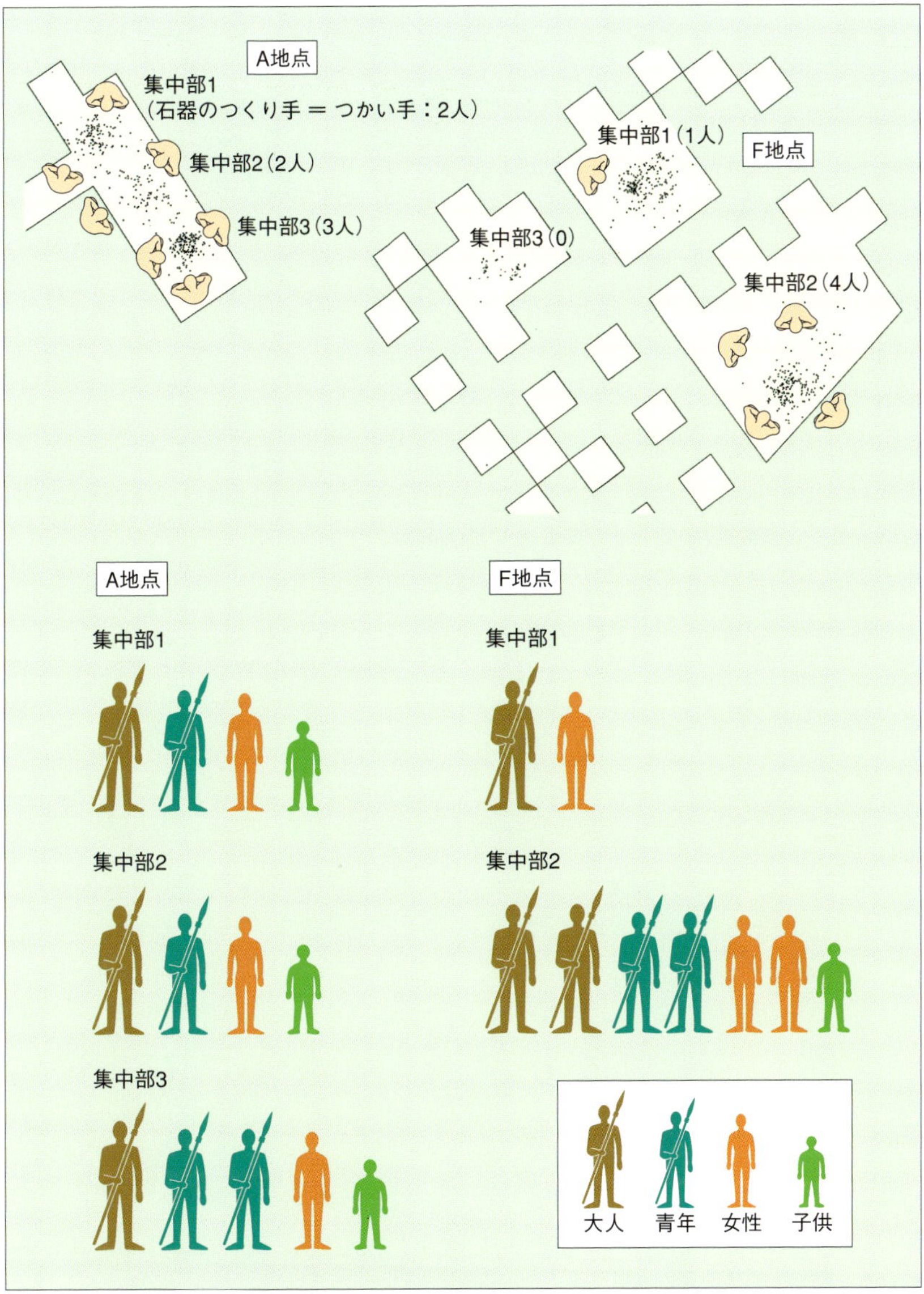

図 28 ● 砂川遺跡における石器製作者と居住者の復元

個体別資料・接合資料は、1 人の石器製作者による打ち割りの痕跡と考えられた。それがいくつか集まった集中部は 5 人前後からなる家族、地点は複数の家族が集まった小グループが暮らした痕跡と考えられた。個体別資料や接合資料の動きからは、小グループ内の石器製作者どうしの強い結びつきがうかがえる。そして、遺跡は二つのグループが近接して暮らした跡であった。

石器のつくり手は、すなわち使い手でもある。つまり、ナイフ形石器を装着した槍をもつ狩猟者であろう。三人の狩猟者を中核とした五人の集まりとは、「家族」ではないか。そして三つの集中部からなる地点は、三つの家族が集合した全体で一五人ほどの小さなグループだろう。これは、日常的な生活を共にする、旧石器時代の社会における集団の最小単位であろう（図28）。砂川遺跡では、こうした一五人程のグループが二つ、近接して居を構えていた。安蒜は、このように砂川遺跡の居住景観を描き出したのである。

原料の共有と石器の譲渡、交換

個体別資料、接合資料が一つの集中部にまとまって分布している様子は、石器のつくり手が、集中部に向かい合って腰をおろし、打ち割りをおこなっていたすがたを示すと考えられる。

しかし個体別資料、接合資料のなかには、分布の中心である集中部、つまり打ち割りの場所を離れて、他の集中部から出土するものがある。それらは、何を意味するのか？

そうした集中部をまたがる分布には、つくられた道具が持ち運ばれる場合と、打ち割りの途上で原料を持ち運び、作業自体を持ち越す場合があることは、すでにみたとおりである。

こうした持ち運び、持ち越しについて、安蒜は各集中部に腰をおろした石器のつくり手は動かずに、道具とその素材や作業途上の原料だけが動くという、つくり手の間での譲り渡しや交換がおこなわれたと考えた。

道具とその素材、あるいは原料の動きは、ある集中部から別の集中部への一方向的なものではなく、各集中部間で相互に認められる。つまり、あるつくり手から別のつくり手への一方的な譲り渡しではなく、相互に交換しあっていたと考えられる。

このような譲り渡しや交換は、とくにそれが生活の主要な道具と、それをつくりだすための原料を対象としているだけに、かかわった人間の間には密接なつながりが想定される。または、密接なつながりを維持するために、譲渡、交換をおこなっていたと考えるべきであろうか。

3　計画的な生活を営む人びと

計画性のある石器づくり

ところで、A・F両地点の出土資料をすべてあわせても、依然として、原料である石塊の状態に戻る接合資料はなかった。はたして不足部分は、遺跡内のさらに他の地点にあって、発掘されるのを待っているのだろうか？

しかしA・F両地点には、作業の開始段階（類型B）だけ、あるいは終了段階（類型A）だけからなる地点や集中部はなかった。つまり作業の開始点、あるいは終結点がないのである。しかも類型AとBの割合は一定であり、作業が終了する個体（類型A）の数だけ、新たな個体（類型B）への作業が開始されている。

安蒜は、これを「原料の二重構成と時差消費」という、砂川遺跡の旧石器人による周到な計画であると考えた（図29）。手もとの原料を一時に使い尽さないよう、複数の原料をあらかじめ準備し、それらに対する作業が交互に開始／終了するように、時間差を設定していると考えたのである。

遺跡と遺跡をつなぐ

「原料の二重構成と時差消費」が広く実行されているのならば、砂川遺跡のほかの地点や、さらに別の遺跡でも、やはり類型A・Bが一定の割合で見出されるだろう。そして、石器づくりは、個々の遺跡の枠を越えて、つぎつぎに持ち越されながらつづけられることになる。もちろんこの場合、石器のつくり手は遺跡にとどまり、作業途上の原料だけが持ち運ばれ、作業が持ち越されるとは考えがたい。石器のつくり手が原料をたずさえて、居住の場を移動し、そこで作業を再開したと考えるべきである。

A地点の接合資料の欠落部分から追究された作業の持ち越しは、地点間にまたがった接合資料として、F地点で追証された。それはさらに、遺跡間にまたがってつづくことが予測された。これはまさしく、居住の場所を点々と移す、遊動生活の営みを解き明かす手がかりである。

そして、遺跡間にまたがる石器づくりの実態は、さらに二十数年

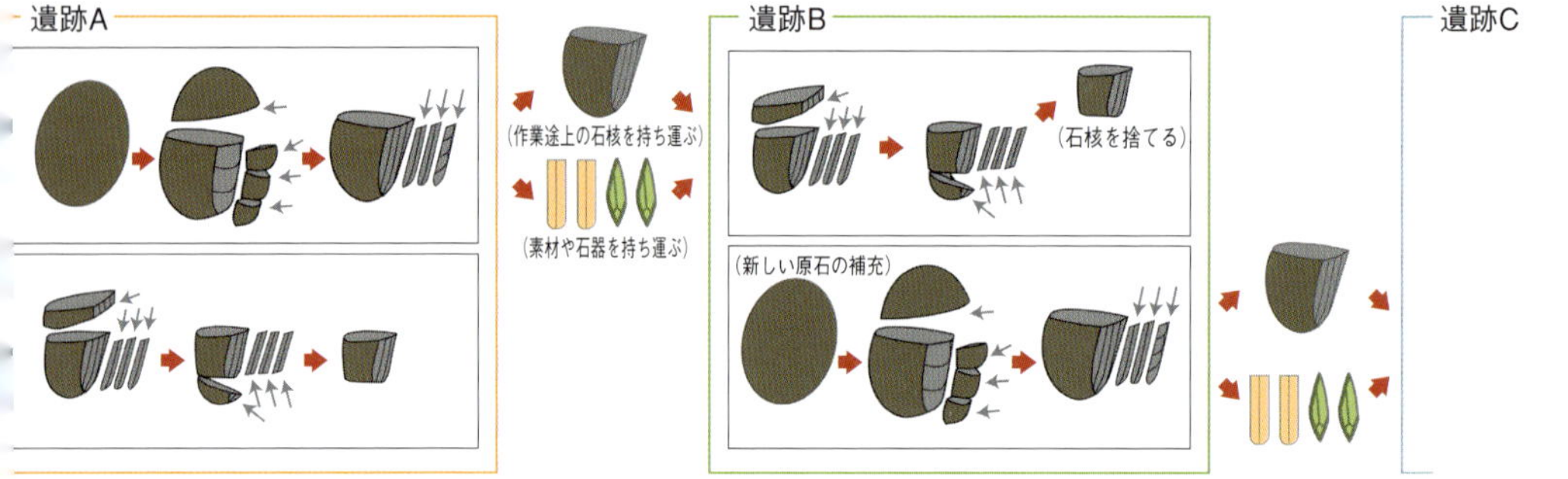

図29 ● 原料の二重構成と時差消費
類型Aの個体は、打ち割り作業の途中でほかの場所から持ち込まれ、再開された作業がそこで完了したことを示す。類型Bの個体は、そこで開始された作業が中断され、残りの部分がほかの場所へ持ち出されたことを示す。遺跡のなかで、両者の割合が一定であるということは、すべての作業が完了することなく、つぎの場所へと持ち越されつづけたことを示している。それは遊動生活を営む旧石器人の計画性のあらわれにほかならないだろう。

の時を経て、神奈川県用田鳥居前《ようだとりいまえ》遺跡と吉岡《よしおか》遺跡群の間における、遺跡間接合として追証されたのであった。

遊動生活の計画性

竪穴住居を構えた縄文時代の集落は、定住生活を基盤としていたと考えられている。これに対して、住居の痕跡が希薄で遺跡の規模も小さい旧石器時代は、頻繁に移動しながら狩猟採集生活を営んでいたと考えられた。不安定で、それこそ「浮草の民」とよぶのがふさわしい、放浪の生活が想定されていたこともある。

しかし、二十世紀半ば以降、人類学、民族学による狩猟採集民の研究が進むと、その生活が驚くほどの計画性に裏打ちされていることが明らかにされた。少し考えてみればわかることだが、一か八かの出たとこ勝負で、何千年、何万年の歳月を生き抜くことはできない。ある意味では、失礼な話である。当然、旧石器時代の生活も、充分に計画的であったはずだ。「原料の二重構成と時差消費」も、居住地の移動の前後を見越した計画性を意味する。まさに、旧石器時代の狩猟採集民による遊動生活の計画性を示しているといえるだろう。

このように、遺跡から出土した資料の詳細な観察、接合資料と個体別資料の分析にはじまり、遺跡に残された石器づくりの内容と人間行動、遺跡の構成を復元する研究は、「遺跡構造論」とよばれる。現在にいたるまで、日本の旧石器時代研究の重要な一分野である。

その出発点はもちろん、砂川遺跡の調査研究であった。

第4章　旧石器時代の武蔵野台地

1　赤土の畑に遺跡を追う

さらなる遺跡の探索

砂川遺跡の二次にわたる発掘成果の分析と研究が進められている間、遺跡の発見者、本橋清は休みなく遺跡の広がりを追いつづけていた。そして時とともに、仲間の輪と調査の範囲が広がり、砂川遺跡の周囲をとり巻く遺跡群の存在が明らかになってきた。

本橋とともに、狭山丘陵の裾野にナイフ形石器や石槍をみつけだしたのは、当時、所沢商業高校の教諭だった平塚義和《ひらつかよしかず》である。平塚は、東京都東久留米市《ひがしくるめ》などでも遺跡の探索をつづけ、高校の遺跡研究部報などに詳細な報告を残した。

その後、所沢歴史研究会が、本橋の意志を継ぐかたちで砂川遺跡周辺の遺跡分布を追究した。その中心となったのが、山田巌《やまだいわお》（図30）である。山田は、砂川流域ではじめて細石器をみつけるなど、その活躍はめざましいものがあった。

所沢歴史研究会による分布調査

一方でその間にも、のどかな田園風景に囲まれていた砂川遺跡の周辺に、開発の槌音が響くようになってきた。そして開発にともなう発掘調査も、一九七九年の白旗塚《しらはたづか》遺跡の第一次調査をはじめとして、つぎつぎにおこなわれるようになった。

その結果、分布調査で発見されていた白旗塚遺跡、中砂《なかすな》遺跡などの遺跡から、多数の石器と石器集中部が発掘された。分布調査の成果は、正しかったのだ。しかし、発掘調査がこのままつづけば、遺跡はどんどん失われてしまう。

また、特産品のゴボウの作付けと収穫、あるいは茶の木の植えかえにともなう抜根作業、畑の地力回復を目的とした天地返し、残土処分場の設置など、遺跡の消滅につながりかねない状況もあちこちでみられた。

そのような危機感のなか、所沢歴史研究会は遺跡の精確な分布を明らかにすべく、詳細な分布調査を進めた。それは畑の一区画ごとに、一点ずつ石器を拾った場所を大縮尺の地図に書き込んでいくという、気が遠くなるような地道な作業の積み重ねによるものであった。

図30●山田 巌
山田は砂川流域だけでなく、所沢や隣接地域での遺跡探索を熱心に進めた。

分布調査による遺跡群の解明

本橋や山田の意志を受け継ぎ、さらに遺跡の探索を進めたのが、森野譲《もりのゆずる》である。所沢市職員としての仕事の合間を縫って調査を進め、さらに考古学を学ぶために明治大学の二部へ通うなど、二足も三足もの草鞋《わらじ》をはいてのとり組みである。

もちろん、石器が採集できるかどうかは、土地の状態に左右される。そもそも、畑以外の宅地や山林では、地面の上で石器の分布をとらえることはできない。それでも、限られた範囲の発掘調査による情報を補うためには、充分な情報が得られるのである。こうした分布調査の方法は、かつて戸沢によって、長野県矢出川《やでがわ》遺跡群や鷹山《たかやま》遺跡群などで実践されたものである。その有効性は、ここでも存分に発揮された。

そして一九九〇年ころには、砂川流域における遺跡群の実態が明らかになったのである（図1参照）。

砂川上流域の遺跡群

そのころ砂川遺跡周辺では、あらたな国道の開通にともない、さらなる開発の進行が危惧されていた。それに対して、遺跡の保存、将来の活用に備えるためにも、遺跡の広がりと遺跡群の詳細を確認することが急務であった。

このため、一九九二〜九四年にかけて、所沢市教育委員会と明治大学考古学研究室が中心となり、砂川上流域の旧石器時代遺跡分布調査と砂川遺跡の範囲確認調査がおこなわれたのであ

図 31 ●**所沢市教育委員会、明治大学などによる調査**
調査の前に、本橋征輝（左端、本橋清の息子）と戸沢（左から 2 人目）の話を聞く。

図 32 ●**畑のなかに遺跡の広がりを探る**
分布調査の成果を確かめるために、試し掘りをおこなった。

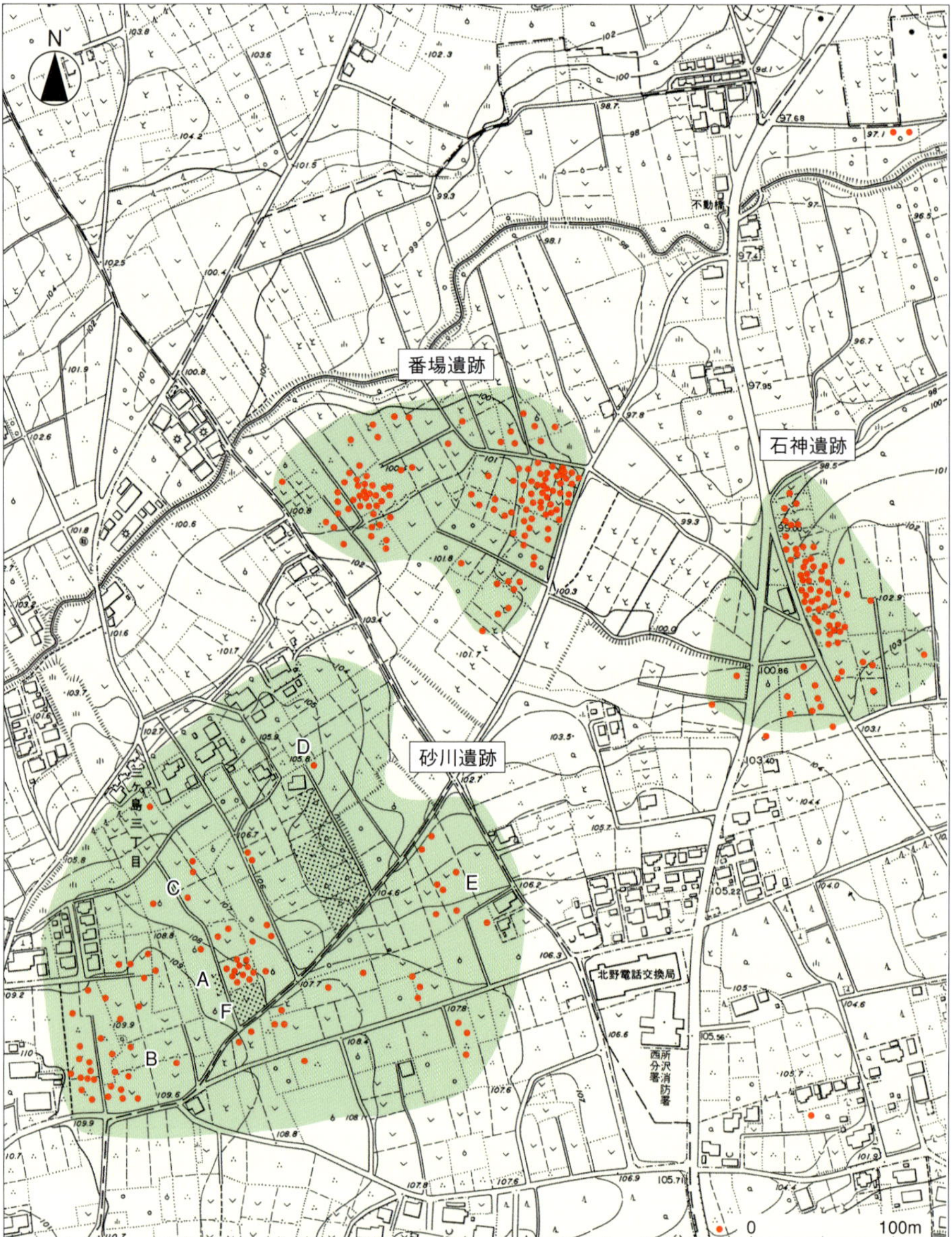

図33 ●分布調査により明らかにされた砂川遺跡と遺跡群
畑1区画ごとに石器が拾われた地点を一つずつ記入していくことによって、発掘によらなくても地点や遺跡の広がりが明らかになった。

る（図31・32）。

一連の分布調査では、半径一〇〜四〇メートルの範囲で石器が集中的に採集される場所が多数発見されていた。それらは、まさに砂川遺跡の地点に相当するものと考えられた。砂川流域の各遺跡は、単独あるいは隣接する二〜四の地点からなっていて、それらが、砂川遺跡を起点とした砂川上流部二キロほどの間に、一〇〇〜三〇〇メートルの間隔で分布していたのである（図33）。

そのうち、砂川と東川《あずまがわ》との間の一段高い台地上にある砂川遺跡と白旗塚遺跡は、規模、範囲ともにほかより大きい。砂川に沿った一段低い面、ないしは緩斜面にある遺跡は、やや規模が小さいようである。

砂川遺跡よりさらに上流にもいくつかの遺跡があるが、旧街道に沿って宅地化が進んでいたり、逆に狭山丘陵からつづく山林であったりして、遺跡の広がりや内容を把握することは困難であった。なお、源流部のお伊勢山《いせやま》遺跡などは、現在、早稲田大学所沢キャンパスとなっている。その建設に先立っておこなわれた発掘調査では、小規模な遺跡が発掘された。

2　砂川遺跡は川辺のムラか？

流域遺跡群の追究

ところで、かつて戸沢は月見野遺跡群の調査にもとづき、小河川流域の遺跡群を旧石器時代の「ムラ」であると考えた。

　こうした遺跡群は、その範囲や構成が時代とともに変化する。この点を詳細に整理した安蒜は、旧石器時代の前半には、いくつかの家族からなる小集団が特定の遺跡に集合、円形に分布する集中部（環状ブロック群とよばれる）を残したのに対し、後半になると、そうした小集団は小河川沿いの一定の範囲を順ぐりに移動して、流域遺跡群を残したと考えた。環境の変化、それに対応した生活や社会の変化が、「環状のムラ」から「川辺のムラ」へという遺跡群の変化としてあらわれていると考えたのである。

　安蒜によれば、遺跡群の変化は、砂川遺跡より一時代前、およそ二万四〇〇〇年前ころにおこったとされる。つまり砂川遺跡の時代は、「川辺のムラ」の時代であった。

　それでは、砂川上流域の遺跡群の実態はどうなのであろうか？

　分布調査と発掘調査の成果をあわせて、各遺跡の時代、年代を整理すると、判明したのは意外な事実であった。砂川遺跡と同時期の遺跡は、中砂遺跡、宮林《みやばやし》遺跡だけだっ

	比良遺跡	お伊勢山遺跡	宮林遺跡	砂川遺跡	番場遺跡	白旗塚遺跡	清橋遺跡	中砂遺跡	野中遺跡	橋戸遺跡
1万4000年前（縄文時代草創期）	・	・		・	・	・	・	・		
1万6000年前（細石器）					・	・	・	・	・	・
1万8000年前（ナイフ形石器終末期）				・	・	●		⬤	・	・
砂川遺跡の時代▶ 2万年前（ナイフ形石器後期）			●	⬤				●		
2万4000年前（ナイフ形石器中期）		・				●		⬤		
2万8000年前（ナイフ形石器前期）		●								
3万2000年前（ナイフ形石器初頭期）		●								

・ 石器：1～2点
● 石器集中部：1～2カ所（小規模な生活の跡）
⬤ 石器集中部：2カ所以上（まとまった生活の跡）

図34 ● 砂川上流域遺跡群の構成
遺跡の位置は図1を参照。

たのである。砂川上流域には「環状のムラ」はみつかっていない。一方で、「川辺のムラ」といえるような、川沿いに連続する多数の遺跡の分布は、砂川遺跡よりも後の時代のことであった（図34）。

どうやら、砂川上流域の遺跡群は、武蔵野台地主要部や相模野台地の遺跡群とは性格が異なるようである。

武蔵野の地形

武蔵野台地は四方を囲む入間川《いるまがわ》、荒川《あらかわ》、多摩川《たまがわ》の低地との間に急斜な段丘崖がつづいているため、独立した地域のようにみえる。しかし台地の内部は、一様ではない（図35）。

台地の東部は、かつての八百八坂の江戸の町である。坂の多さは、無数の谷があることを示している。かつては、そうした谷底は水田であった。

台地の南縁には、現在の多摩川に並行して、「はけ」とよばれる段丘崖が走っている。その崖面からは清水が豊富に湧き、崖下には、水田だけでなくワサビ田もあった。

どこまでもつづく茫漠とした原野というイメージは、台地の中央から西側にあてはまる（図36）。江戸時代前期の地誌には、ここを横断する青梅《おうめ》街道について、田無《たなし》から青梅までの約二〇キロの間、「原ノ間六里、家なし」と記されている（『武蔵田園簿《むさしでんえんぼ》』）。

台地北部もまた、水の得難い、開墾の困難な原野とされてきた。かつて、「所沢の火事は土で消す」とか「所沢には嫁をやるな」といわれていた。水の乏しさに苦労した経験が込められ

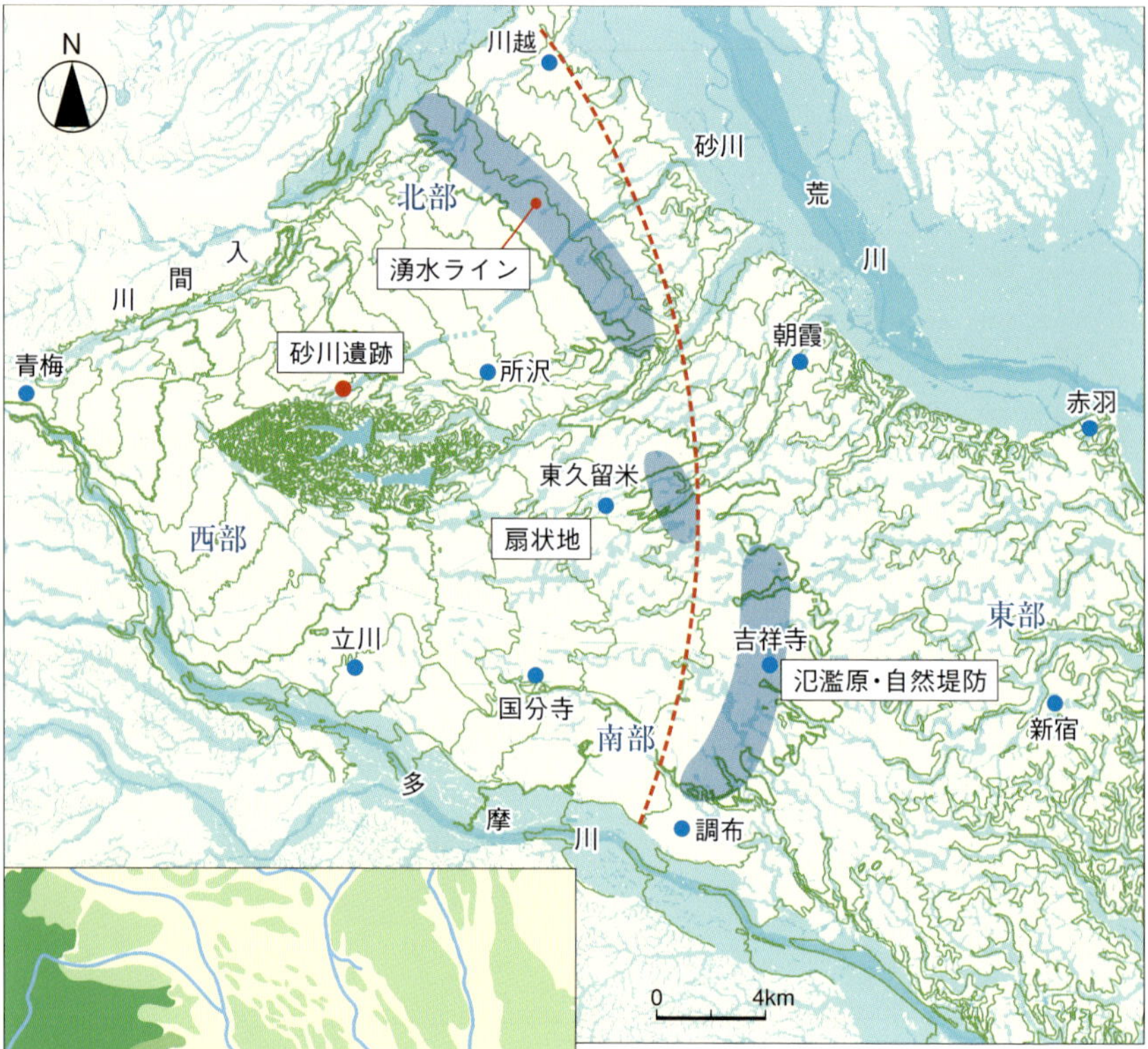

図 35 ● 武蔵野台地の地形と小地域区分
武蔵野台地の西半分は、等間隔の等高線が扇形につづく扇状地である。台地のなかを流れる河川の水量は少ない。多摩川と入間川に面した台地の縁と狭山丘陵の裾野だけが例外的に水の得やすい場所であった。東半分は多数の谷が入り組んでおり、多くの湧水もみられる。

ている。

これらの範囲に鋤鍬が入れられたのは、一八世紀後半の新田開発以降のことである。

遺跡分布からみえる小地域性

武蔵野台地の内部に認められる多様性、とくに地形の影響は、近代まで各地の景観と暮らしぶりの違いに色濃くあらわれていた。それは、近世、中世、古代、そしてはるか先史時代にまでさかのぼるものであった。それを端的に示すのは遺跡の分布である（図37～39）。

武蔵野台地の古代、中世集落は台地のへりや狭山丘陵の裾野、そして東部では台地内の谷沿いに立地する。そのなかには、江戸時代から中世、さらに古代の文献にその名をたどれるものが少なくない。水田農耕に生活の基盤をおくようになって以降、集落の基本的な立地に大きな変更はなかったのである。

縄文時代集落の分布は、やや範囲が広がる。とくに台地内部の小河川に沿って、豊富な湧水がある場所に

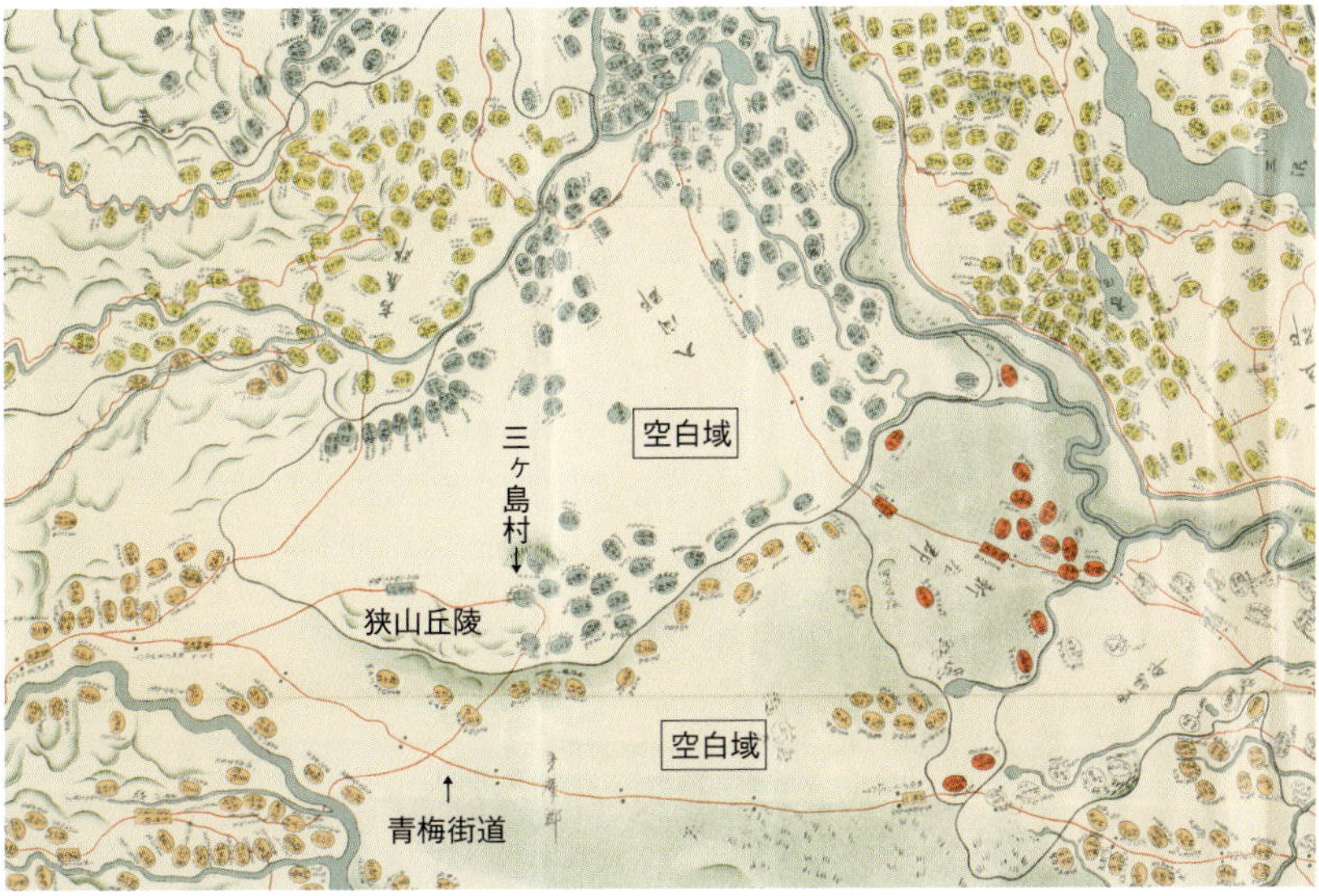

図 36 ● 17 世紀前半の武蔵野台地西北部
小判形に囲まれた地名は村。赤い線は街道。狭山丘陵の南北に村落の空白域が見える。砂川遺跡は、三ヶ島村の範囲にある。

は大きな集落が残されている（図38）。谷底の低地が狭く、集落を維持するための水田経営がむずかしい場所でも、狩猟採集を基盤とする縄文集落は立地できたのである。

それでも、台地西半分、とくに内陸部には、狭山丘陵をはさんだ南北ともに、縄文集落が少ない。しかしそんな地域にも、実は、旧石器時代遺跡は数多く分布していたのである（図39）。

「野水型遺跡」の発見と提唱

しかしそれらの旧石器時代の遺跡が発見されたのは、そう昔のことではない。「遺跡はない」という通説に対して、孤軍奮闘のロー

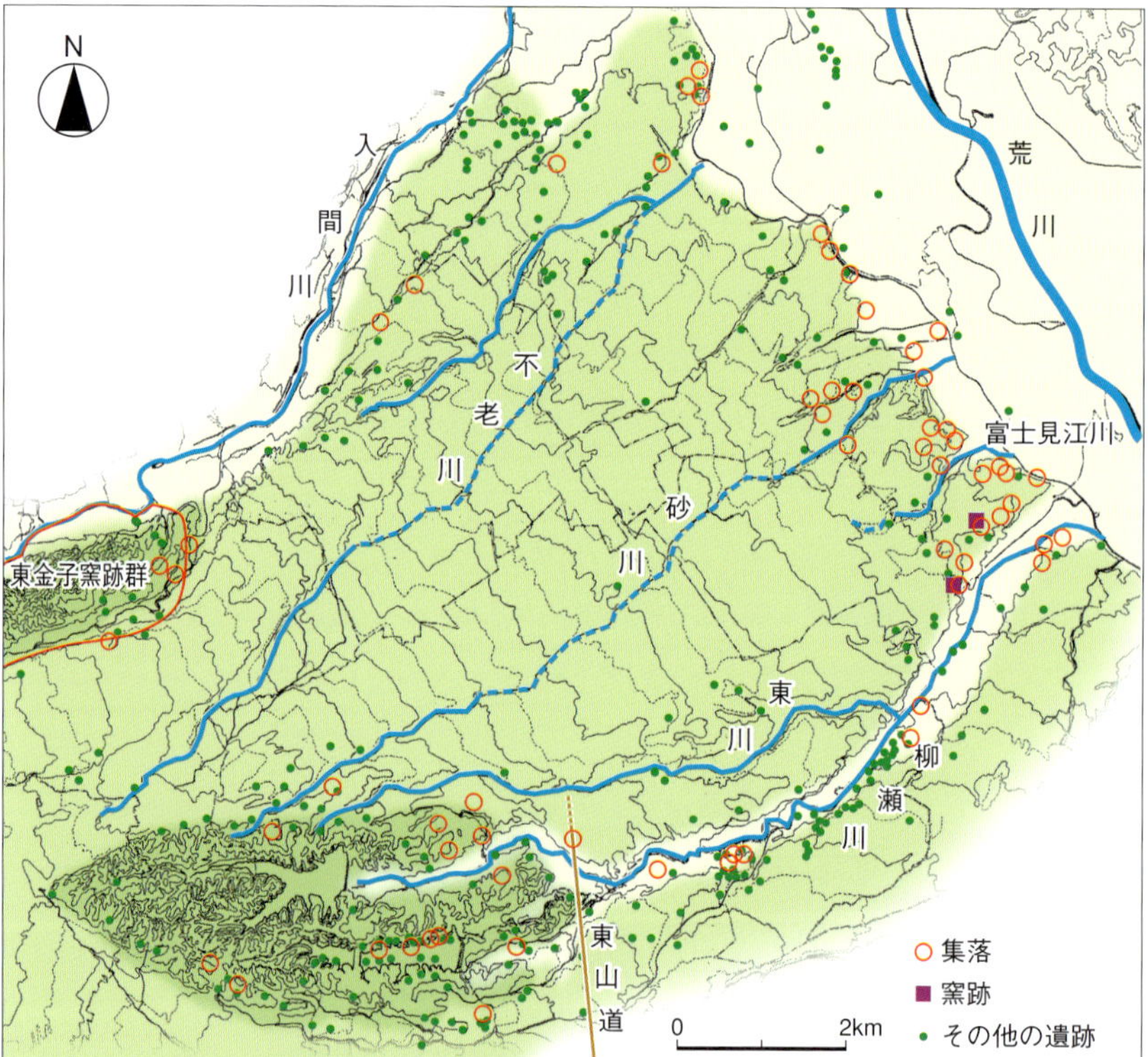

図37 ●武蔵野台地北部の古代（奈良・平安時代）の遺跡
集落の位置は、縄文時代、江戸時代とほぼ同じ。荒川の低地部にも遺跡がみられるようになるのは、水田農耕が定着したことによる。このように集落の立地は、縄文時代以降1万年近くの間、ほとんど変化していない。

ラー作戦を展開し、遺跡地図の空白域を埋めていった研究者がいた。森野譲である。

森野が発見した遺跡には、その立地に特徴があった。

砂川は、中流部に至ると自然流路が不明瞭になる。江戸時代後期の地誌に、「砂川、爰《ここ》に細流あり、是を末無川《すえなしかわ》と呼ぶ、末流武蔵野に至り散流す」（『新編武蔵風土記稿』入間郡之四、三ヶ島村）とみえるように、中流部では水流が途絶えてしまうのだ。不老川《ふろうがわ》など、武蔵野台地北部の小河川に共通する特徴である。しかしそこには浅い谷や凹地があって、集中的な降雨の後に出水することがあり、地元では、「野水《のみず》」とよばれている

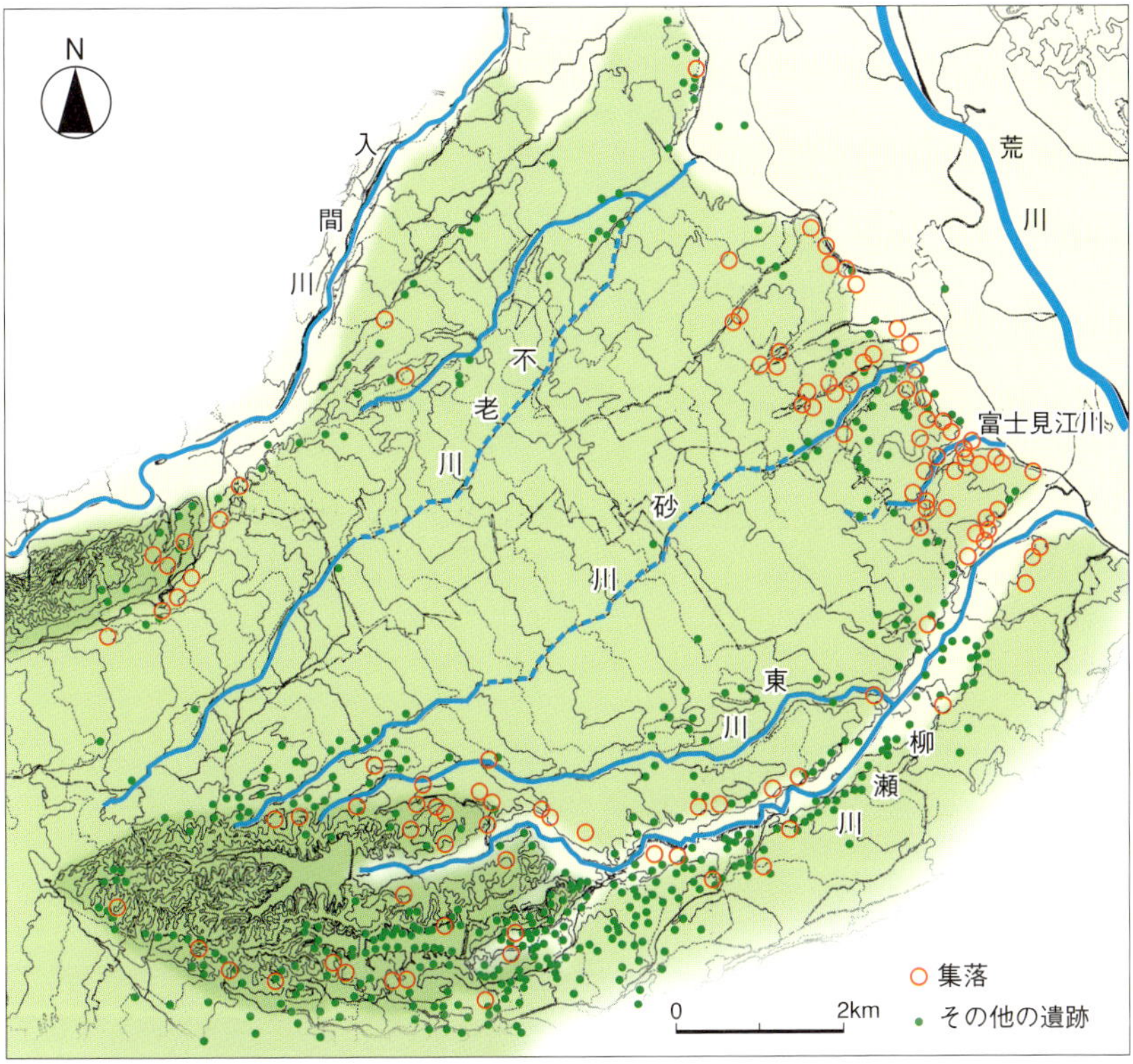

図38 ● 武蔵野台地北部の縄文時代の遺跡
集落は、丘陵の裾と台地の端に並ぶように分布している。台地の中央部、砂川や不老川の中流部には集落だけでなく、遺跡自体がない。集落の立地が水と深く結びついていることがうかがえる。

（図40）。森野は、その野水に接して遺跡が分布することに気づき、「野水型遺跡」という類型を提唱した。

おそらく野水は、氷河時代にも同じように、時おり水が湧く場所であった。野水地形と野水型遺跡は砂川の中流部の遺跡空白地帯に分布している（図39）。一方、砂川の上流と下流は、それぞれ湧水があり、中流部よりは安定した水環境にあったと考えられる。しかし、先にみたように、流域遺跡群の構成は、武蔵野台地主要部や相模野台地とは異なっていた。

「川辺のムラ」の時代にあっても、地形や環境の条件が異なれば、遺跡や遺跡群の性格や内容も違うも

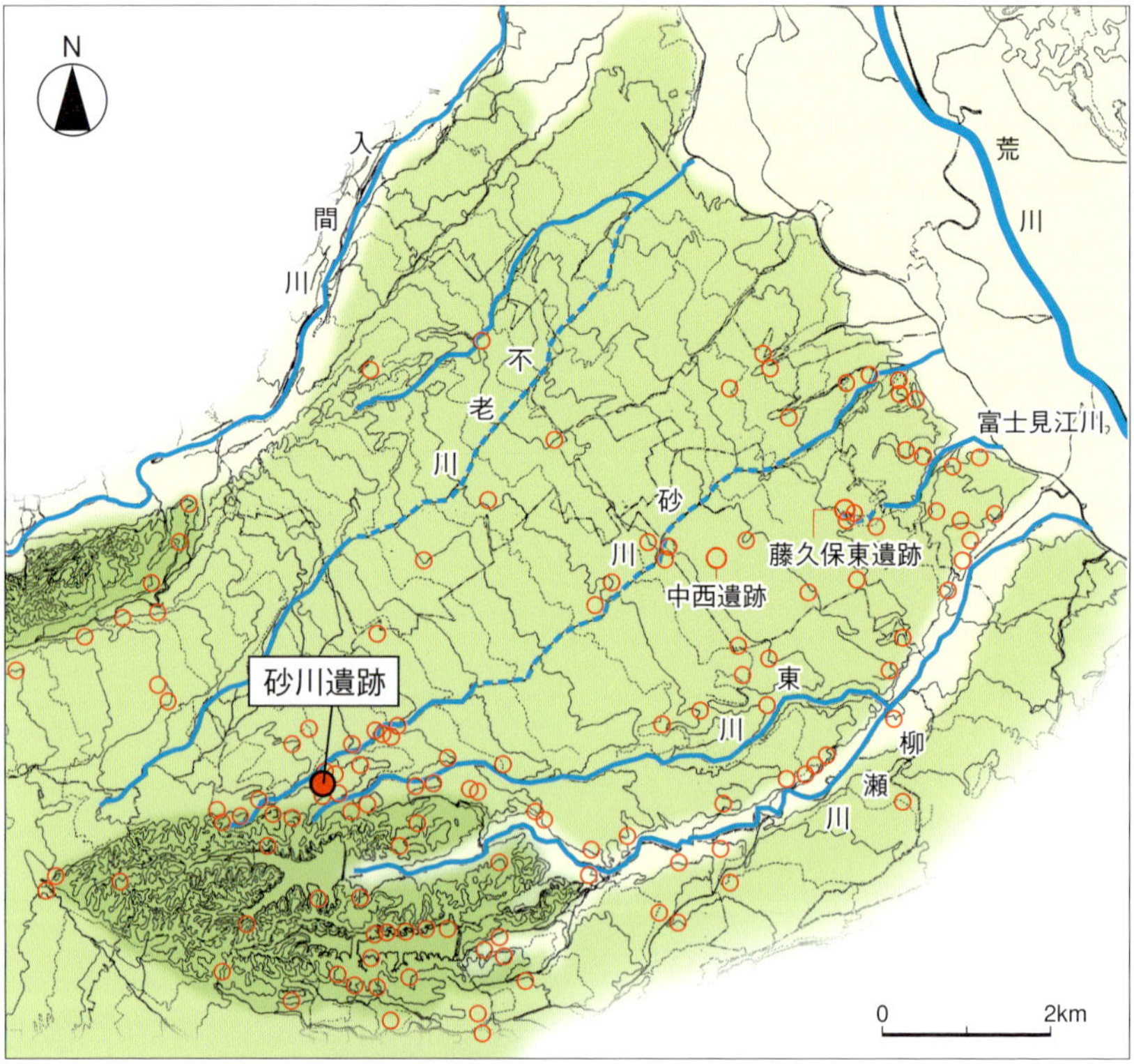

図39 ● 武蔵野台地北部の旧石器時代の遺跡
縄文時代から江戸時代前期まで、一貫して遺跡、村落の分布の空白域だった砂川や不老川の中流域（図36～38参照）にも遺跡がみつかっている。これらの多くは、「野水型遺跡」である。

出水時、2004 年 10 月の台風 22・23 号通過後

平常時、2009 年 6 月

図 40 ● **野水地形からの出水**

大雨の後、畑のまん中に突如水が湧き、流れだす。これを「野水」とよぶ。
写真は埼玉県三芳町・中西遺跡。

のとなった。それは、自然の条件に精通した旧石器人の暮らしをよくあらわしているといえるだろう。

3 武蔵野台地の地形と環境

武蔵野扇状地と末無川

武蔵野台地の地形図をながめると、その西半分に、ゆるやかな円弧を描く等高線が一定の間隔で平行して走る扇状地の姿が浮かびあがる（図35）。この地形は、かつて多摩川がつくったものである。

扇状地は、河川によって山地から削りだされた多量の砂や石（砂礫）が扇頂を起点として、低地側に堆積してつくられる。武蔵野扇状地の場合、扇頂は現在の青梅市付近にあたる。

扇状地の基盤を構成する砂礫は、粘土やかたい岩盤と違い、その隙間に水を浸透させる性質が強い。したがって扇状地を流れる河川では、水が地表を流れ下るだけでなく、川底の砂礫を通じて地下へも浸み込むことになる。流れてくる水量より浸み込む量が多くなると、ついには地表の水流は途絶えてしまう。伏流という現象である。

しかし、集中的な降雨の後などに、増加した水量が地中にとどまりきれずに地表にあふれだしてくることがある。野水の正体である。末無川も野水も、扇状地の地形に起因するものであり、そうした地形が顕著な武蔵野台地の北部に多くみられるのである。

なお、扇状地の末端に近づくと地形の傾斜は徐々にゆるやかになり、また基盤も砂礫から粘土へと変わる。そうした地形の転換点付近には、伏流水が再び地表に顔を出し、湧水が多くみられる。武蔵野台地にみられる多くの湧水（井《い》の頭池《かしらいけ》、石神井《しゃくじい》池《いけ》など）は、標高五〇メートル付近に並んでいる。台地北部では、標高二〇〜三〇メートル付近に湧水があり、ここより下流では、小河川が復活する。台地のへりには、幾筋もの谷が刻まれ、そこにはいくつもの遺跡が分布しているのである。

氷河時代の地形と環境の変化

およそ百万年前、地球は大規模な氷河時代に突入した。しかし、つねに凍りついた極寒の時代になったわけではない。むしろ、きわめて寒い時期と、現在と同じような暖かい時期とが頻繁にくり返されたのである。

そして、きわめて寒い時期（氷期）には海面が低下し、河川の下流部では、谷が深く刻まれた。これに対して、暖かい時期（間氷期または温暖期）には海面が上昇し、山地から運ばれてきた土砂が、海岸線沿いに三角州や氾濫原をつくる一方で、山沿いには扇状地をつくった。

武蔵野扇状地は、かつて六〇万年前と二〇万年前に、二度かたちづくられた。しかしその痕跡は、現在ではわずかに残るのみである。そして現在みられる武蔵野扇状地は、一三万年前以降にかたちづくられた（図41・42）。

その後、氷期がくり返し訪れるたびに、多摩川下流部では扇状地を谷が刻んだ。しかも扇状

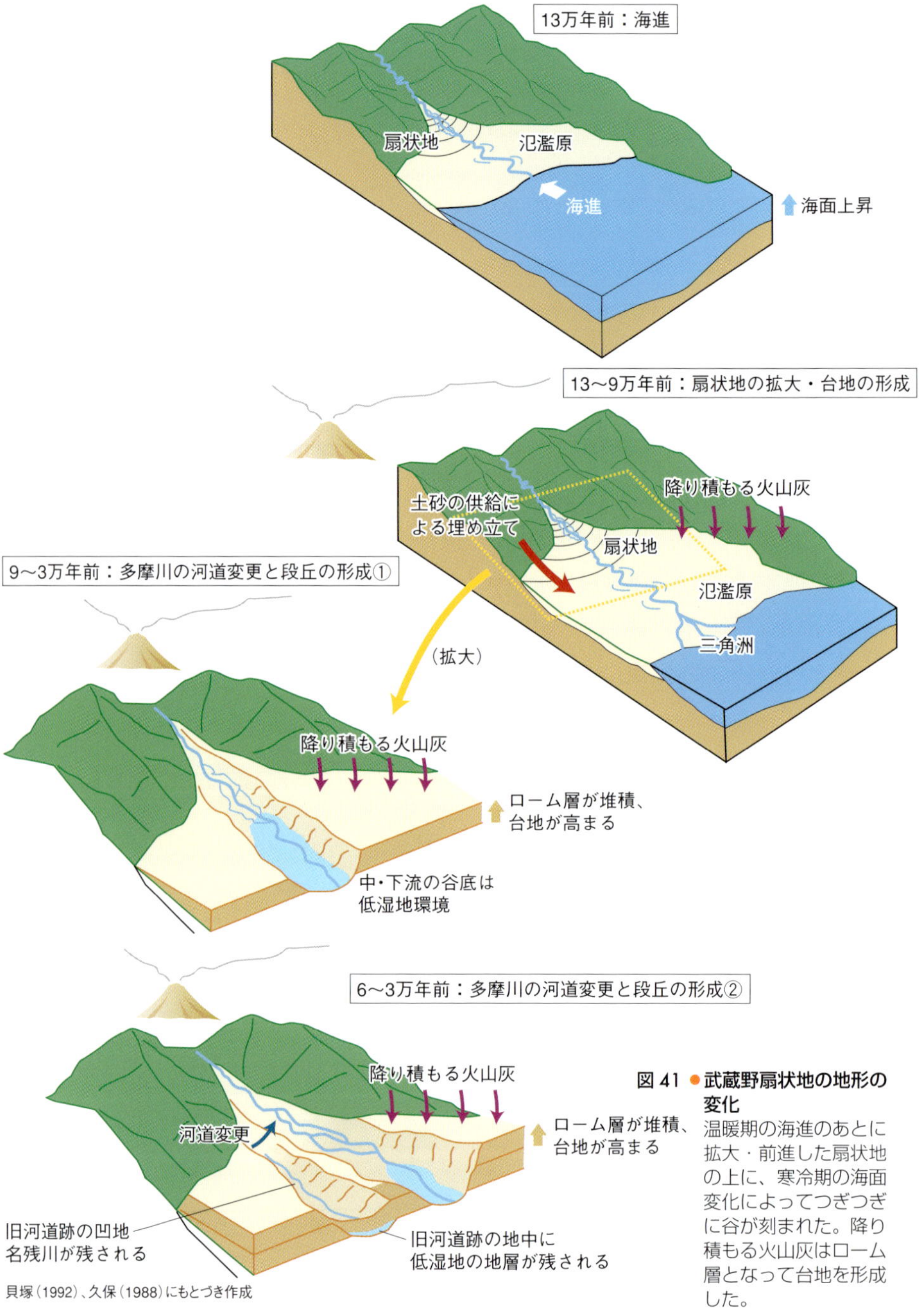

図 41 ● **武蔵野扇状地の地形の変化**
温暖期の海進のあとに拡大・前進した扇状地の上に、寒冷期の海面変化によってつぎつぎに谷が刻まれた。降り積もる火山灰はローム層となって台地を形成した。

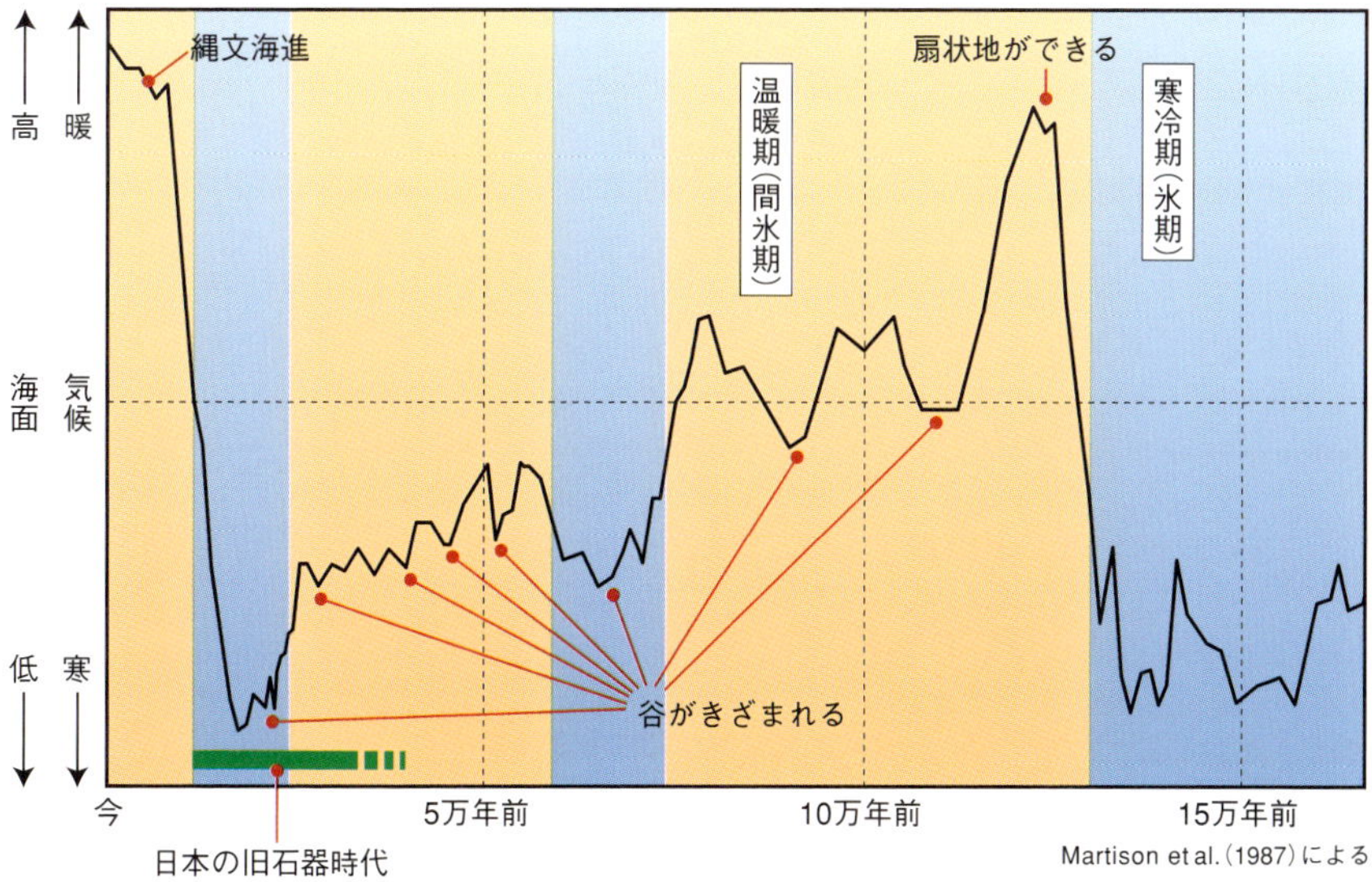

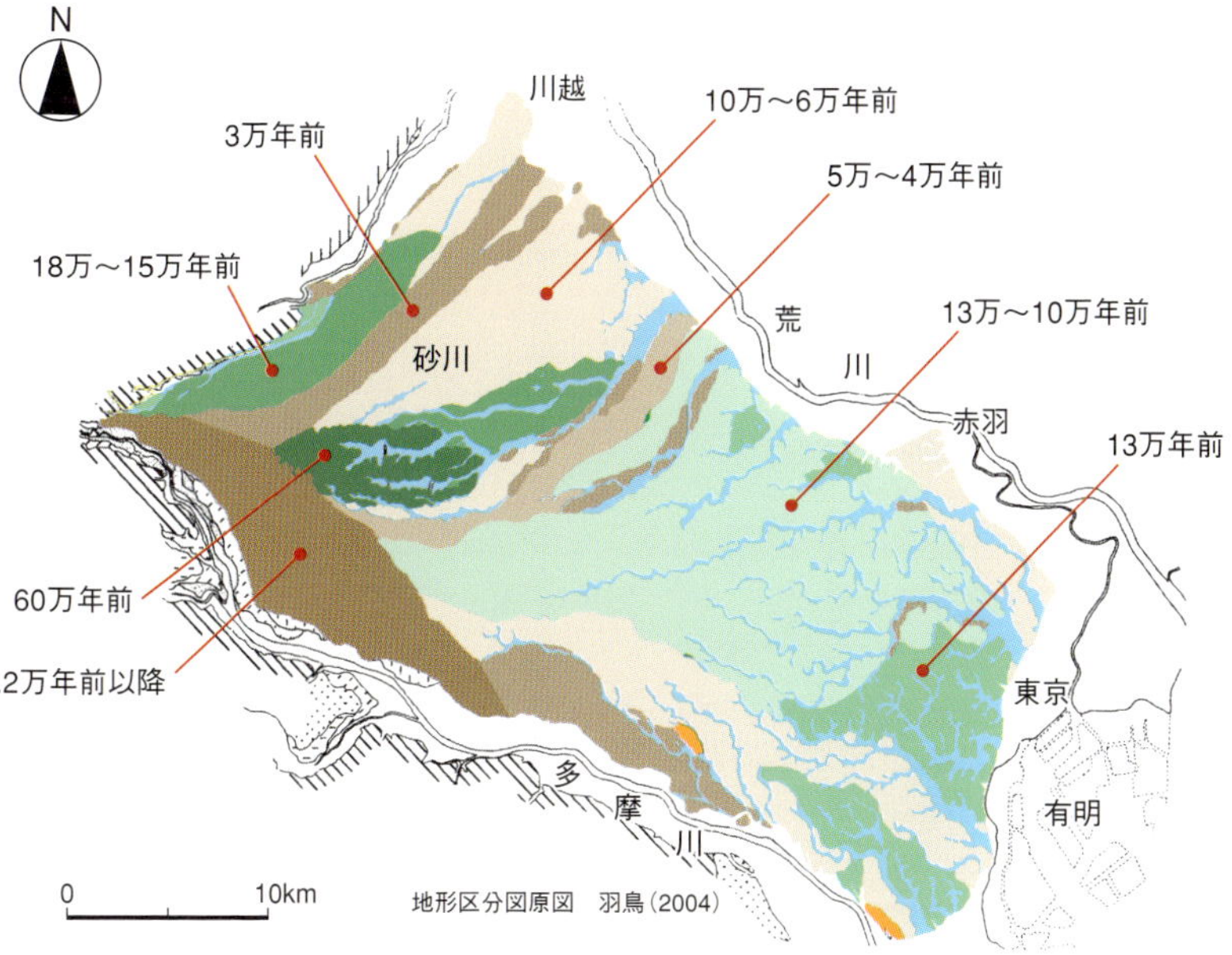

図 42 ● 氷河時代の気候変動（上）と武蔵野扇状地の変化（下）
氷河時代の気候変動と海面変化は、武蔵野台地に大がかりな地形変化をもたらした。13 万年前に成立した武蔵野扇状地は、その上に火山灰が積もり、ローム層の台地となり、また、気候変動と多摩川の河道変更により、多数の谷が刻まれた。

地では、扇頂付近でのわずかな変化が、下流側での大規模な河道変更につながるので、谷が各所に放射状に刻まれたのである。しかも、小さな氷期のくり返しのなかで気候はどんどん寒冷化し、海面の低下が著しくなると谷は深くなる。そしてついに、二万年前には最大の谷が、現在の多摩川、荒川にほぼ重なる位置にできた。このとき、砂川の末流が荒川低地に至る付近では、武蔵野台地のへりから荒川の谷底までの標高差は、五〇メートルに達した。砂川遺跡の時代、砂川の末端は断崖絶壁となっていたのである。

武蔵野台地の地形と水環境の変化

気候変動にともない多摩川の流路が変化すると、元の流路は谷状の地形として台地上に残される。周囲より低い谷には水流が集まり、細々とした川ができる。名残川《なごりがわ》である。野川や神田川《かんだがわ》、石神井川《しゃくじいがわ》に代表される武蔵野台地内の小河川は、ほぼすべて多摩川の名残川である。武蔵野台地北部でも、砂川や不老川などが、多摩川の流路跡に名残川として成立した。

砂川遺跡の範囲確認調査では、砂川沿いの一段低い面にある番場《ばんば》遺跡で試掘をおこなったところ、立川ローム層の下部に低湿地性の地層がみつかっている。武蔵野台地全体でも、多くの遺跡で、三万年前を前後する時代の泥炭層がみつかっている。名残川の流れる谷底は、流れもゆるやかでハンノキなどが茂る湿地林が広がっていたようである（図43）。水や植物を求めて、ナウマンゾウなどが訪れていたのかもしれない。

ところが二万年前、景観は一変した。多摩川と荒川の谷が深く掘り下がったことにより、台地内の水も、より低いところへ、または地中の砂礫層の中へ引き込まれることになったのである。谷底の低湿地は消え、降り積もる火山灰に埋め立てられてしまった。そして湧水が保たれた谷筋だけに、名残川の水流が残されたのである。

そして水流が途絶えがちになった台地北部では、谷の埋め立てが進み、浅い谷や断片的な凹地などの野水地形がかたちづくられたのである。

砂川流域遺跡群の背景

湧水が枯渇した谷が埋もれてゆく様子は、埼玉県三芳《みよし》町藤久保東《ふじくぼひがし》遺跡の発掘調査で、実際に観察された（図44）。生活の跡である石器集中部も、徐々にせばまる谷を追いかけるように位置を

図 43 ●旧河道跡の谷・名残川の原風景（現在の箱根湿生花園）
6～3万年前、多摩川の河道跡の谷底には、低湿地が広がっていた。当時の地層から発掘された植物化石から、水辺の風景が復元される。右は、多聞寺前遺跡（東久留米市）の泥炭層から出土した植物化石。

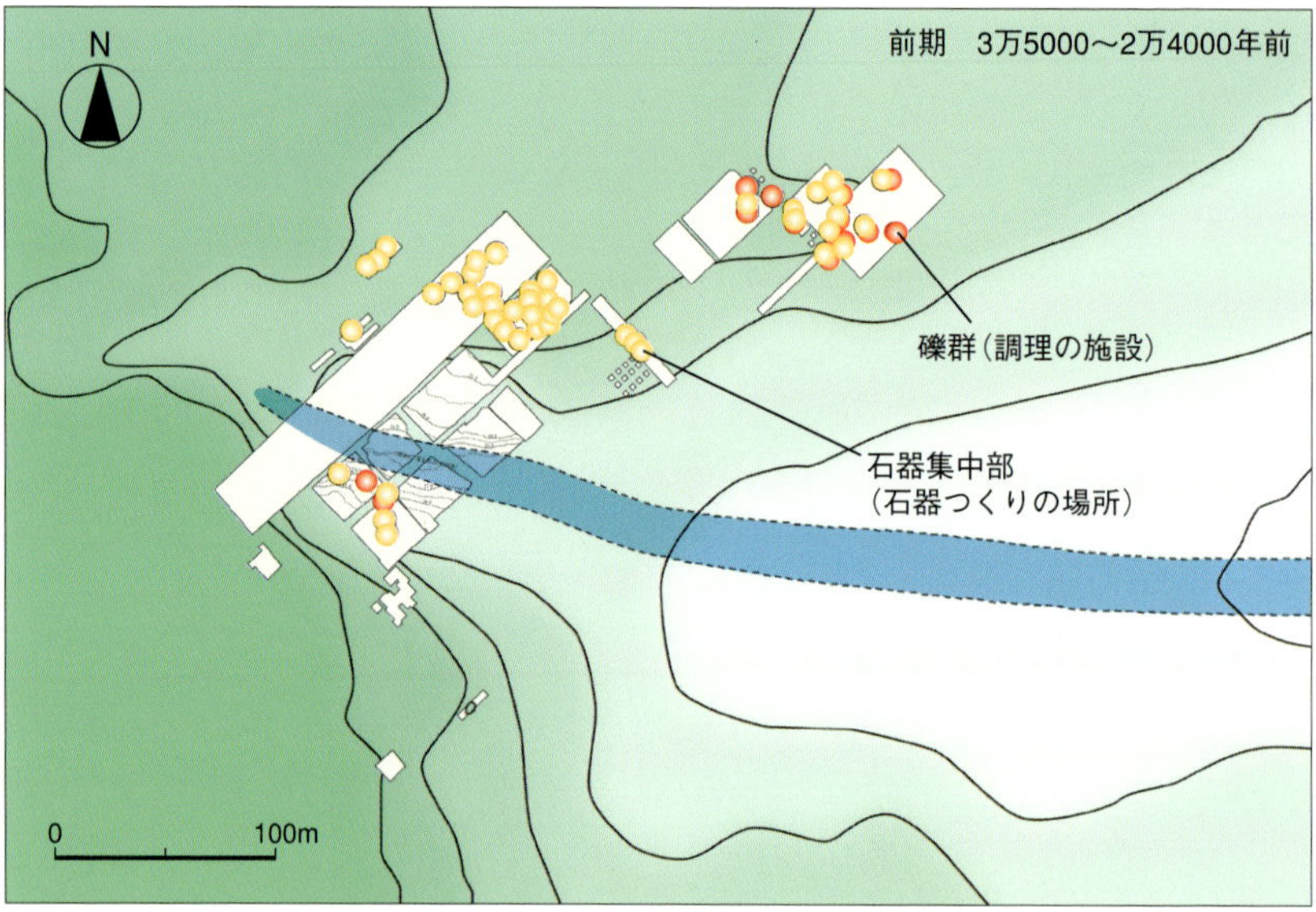

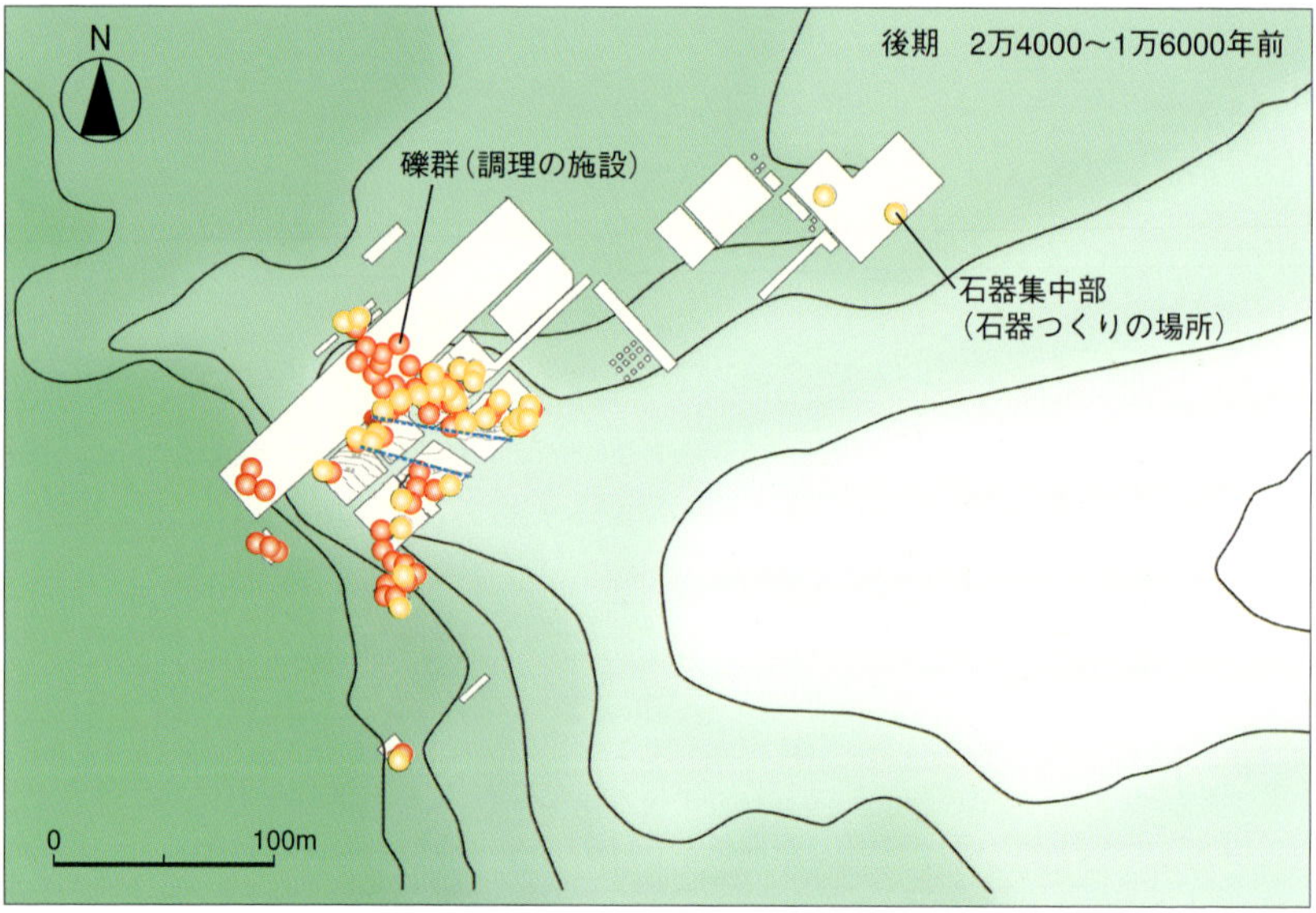

図 44 ● **藤久保東遺跡**
現在では湧水が途絶えた富士見江川源流部の遺跡。湧水が枯れ、谷が埋まりはじめると、その上にも石器集中部が残されるようになった。なお現在でも、集中的な降雨のあとに「野水」が湧くことがある。

移していた。

武蔵野台地の主要部や相模野台地では、こうした地形と水環境の変化に対応して、水流が残った小河川沿いに遺跡が集まるようになった。「川辺のムラ」の成立である。ところが台地北部、とくに中流部では川の流れ自体が途切れてしまい、川沿いに遺跡が集まるような状況にはならなかった。

武蔵野台地北部では、ひとつの遺跡や地点に、旧石器時代の全時期を通じて生活の跡が残されることが少ない。湧水の枯渇などにより、生活に適した場所がしばしば変化したためと考えられる。また、ひとつひとつの遺跡の規模も小さい。大人数が集まったり、長期間とどまったりするには、あまり適さない環境だったのだろう。生活条件に関して、武蔵野台地主要部や相模野台地とは異なっていたようである。

そして、氷河時代が終わりを迎えると、旧石器時代から縄文時代へという時代の節目とともに、今度は遺跡分布が途絶えるほどの、きわめて大きな環境変化が生じた。わずかに残されていた水流も途絶し、谷は厚い黒土で埋まってしまった。以後、江戸時代後半に至るまで、無人の芒原《すすきはら》が広がる武蔵野となったのである。

武蔵野の原風景といにしえの歌にも詠まれた景観には、氷河時代からの壮大な気候、環境の変動史が秘められていた。そして、その端緒は二万年前、まさに砂川遺跡の時代におこったのである。

砂川遺跡と砂川流域の遺跡群の成立の背景には、このような地域性と時代性があった。

第5章　砂川遺跡に暮らした人びと

1　砂川遺跡の時代

旧石器時代のなかの砂川遺跡

砂川遺跡の調査が、旧石器時代遺跡における生活の復元にはたした意義、重要性はきわめて大きく、入門書や概説書が、その成果にもとづいて旧石器時代像を描いている。

一方で、流域遺跡群の追究は、砂川遺跡を含めた武蔵野台地北部の地域性を明らかにした。となると、砂川遺跡で復元された遺跡での生活もまた、そうした地域性に根ざしたものということにならないだろうか？

日本列島の旧石器時代は、三万年もの長い時間つづいた。当然、その間に、人びとの暮らしぶりに変化がなかったとは考えられない。地域や時代によって、変化する環境に対応して、さまざまな生活のかたちがあったはずである。

すでに生活の道具だて（石器の組み合わせや、それをつくり出す技術の基盤）が、時代とともに変化する様子が、明らかにされている。砂川遺跡は、そうした変化のなかの一段階に位置づけられ、前後の時期とは石器の組み合わせや技術基盤が明らかに異なっている。つまり、旧石器時代のなかでも固有の時代性を示しているのである。

そうした時代性を理解するために、まず、砂川遺跡と同時代の遺跡の様子を探ってみよう。

砂川型石器群

砂川遺跡はおよそ二万年前、氷河時代のなかでも、もっとも寒かった時期に残された。その時期は、日本列島の旧石器時代のなかでも後半であり、ナイフ形石器の時代のなかでも後半にあたる。最新の年代測定でも、やはり二万年前を前後する結果が得られている。

そして同年代の、関東地方を中心とした東日本には、ナイフ形石器の組み合わせや石器づくりの技術が砂川遺跡とよく似た石器群が分布しており、砂川型石器群とよばれる。

砂川型石器群は東北地方から長野県、静岡県西部まで、東日本の各地に認められる（図45）。しかし、とくに遺跡数が多いのは、関東平野の南西部の武蔵野台地から多摩丘陵、相模野台地の範囲である。

砂川型石器群の特徴は、

①石材として、黒曜石よりもチャートや凝灰岩《ぎょうかいがん》などの手近に入手できるものを多く利用。

②砂川型刃器技法による石刃を素材とした石器づくり。

③砂川遺跡と共通するナイフ形石器の組み合わせと、彫器、掻器《そうき》などからなる道具だてをもつ。

などである。

地域によって違う石材と遺跡の規模

ところで、砂川遺跡では、石器づくりの原料は、おもにチャート、頁岩《けつがん》などであった。東京都から埼玉県にかけての奥多摩・奥武蔵山地に産出するこれらの石材は、武蔵野台地の遺跡で多く利用されている。

一方、相模《さがみ》野台地では、山梨県から神奈川県にかけての丹沢《たんざわ》山地に産出し、相模川の河原で拾うことができる凝灰岩という石材が多く利用されている（**図46**）。

このように二つの台地の間では、利用する石材に違いがみられる。ただしどちらも、手近に入手できるものを多く使うという点では共通し

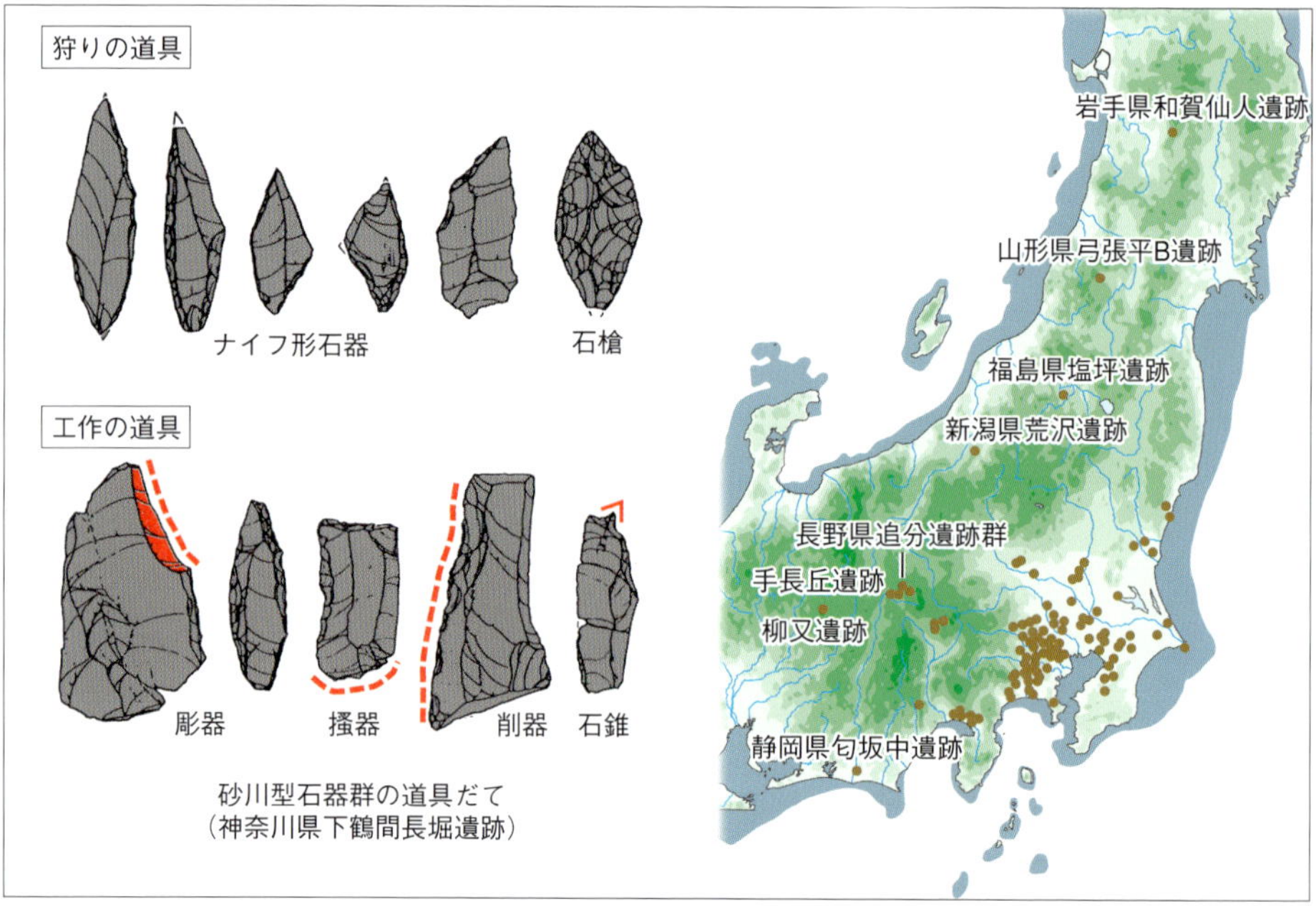

図 45 ● 砂川型石器群の分布
福島県塩坪遺跡、新潟県荒沢遺跡、長野県追分遺跡群などで、砂川型の特徴をもった石器群が出土している。

ている。

また、二つの台地の間では、遺跡の規模に違いがみられる。二つの台地を通じて、一遺跡ごとの石器集中部の数はおおむね一～六程度、一〇を越える事例は少ない。ところが相模野台地には、栗原中丸遺跡《くりはらなかまる》の六五（図47）を筆頭に、数十の石器集中部からなる遺跡がいくつか発掘されている。

こうした大規模な遺跡は、本来は小規模な地点、遺跡が、同じ場所に重複したためだとする考えが示されている。遊動生活のなかで、くり返し訪れることになる立地条件があり、そこに生活の痕跡が重ね書きされたのだということである。

多数の集中部の、どこまでが同時に存在したものであり、どこまでが重ね書きによるものなのかを判断することはむずかしい。それを解明する方法は、まだ検討中である。

図46●相模野台地の砂川型石器群
灰色や緑色をした特徴的な凝灰岩や黒曜石を使った石器が目立つ（左上の石器〈石槍〉の長さ約5cm）。上：綾瀬市吉岡遺跡群D区、中：同C区、下：座間市栗原中丸遺跡。

しかし、相模野台地の大規模遺跡には、大規模な石器集中部もみられることに注意しておきたい。これは、偶然、狭い範囲に石器づくりの痕跡が重なりつづけたというよりは、同時か、あるいは連続して、多数の石器づくりがおこなわれたことを示しているのではないかと考えられる。

つまり、大規模な石器集中部を含む大規模遺跡は、石器のつくり手が集合したり、一定の期間とどまりつづけたりするような場所だったのではないだろうか。

また、石槍が出土する遺跡が多いことも注目される。こうした道具だてや石材、遺跡規模の違いは、砂川の時代における暮らしの地域差を示すのだろうか？

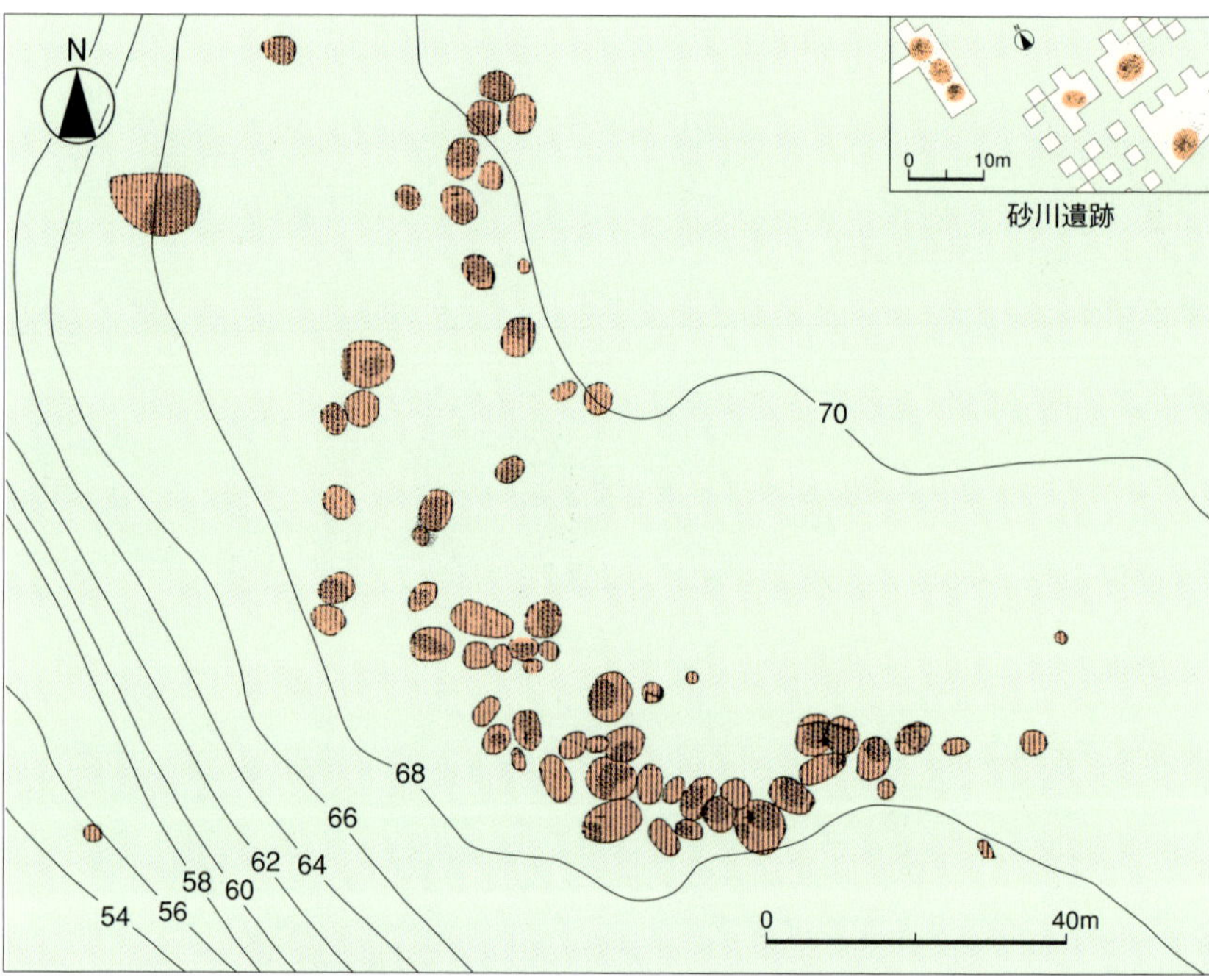

図 47 ● 栗原中丸遺跡の広がり
相模野台地では、台地のへりに沿って数十の石器集中部が連なるように分布する遺跡が発掘されている。また、広がりや出土石器点数からみて、砂川遺跡の一つの地点に匹敵するような大規模な石器集中部もみつかっている。

2　石器づくりからみた地域

遊動生活の考古学

同時代の遺跡や遺物に、地域によって異なる特徴（地域性）が認められるとき、考古学では、それぞれの地域に生活や文化の異なる集団、社会が存在していたと考える。

しかし、遊動生活により残された遺跡の場合は事情が異なる。生活領域のなかに点在する食料や石材などを求めて頻繁に居住地やそのほかの活動場所を移す。その結果、いくつもの場所に、異なる内容の生活の痕跡が残される場合があるのだ。

たとえば極北のエスキモーは、気候が暖かく食料が豊富な夏には家族単位に分散して暮らすが、冬になると集結して海獣やトナカイなどを集団で狩る。それにともない、居住地の位置、規模、道具だて、残される食料残滓も大きく変化する。

旧石器時代は、世界的に遊動生活の時代であった。季節ごとに移動する動物の群れを追って長距離を移動する、あるいは動植物の種類や環境が大きく異なる海岸と山地の間を移動し、多くの種類の資源を利用するといった事例が知られている。この場合、地域ごとの遺跡や遺物の違いは、生活や文化の違いではなく、同じ集団が広く多様な環境を利用していたことを示す。

残念ながら日本では、遺跡から動物や植物の化石が出土することがほとんどない。このため食料の種類から、獲得の場所や季節性を解明することはむずかしい。しかし、台地ごとに利用の傾向が異なっている石材に着目した研究が、移動の実態を明らかにしつつある。

石器づくりの原料を探して

石器づくりの原料は、入手できる場所が限られている。鋭い刃をつくりやすい黒曜石《こくようせき》は、特定の火山の周辺にしかない。ほかの石材も、多くの場合、産出する地層が限られている。入手するためには、それぞれの産地まで直接行くか、産地の周辺に暮らす人びとに分けてもらうか、いずれにしても手間がかかるのである。

砂川遺跡で利用されているチャート、頁岩は、多摩川、入間川の上流部に広く地層として分布しているが、石器づくりに適した割りやすい性質の部分は限られている。また地層そのものは、大きすぎ、かたすぎて、石器づくりの原料を得ることはむずかしい。そこから崩れ落ち、川の流れにもまれて余分な角がとれたかわら石になると、ようやく手ごろな大きさになる（図48）。砂川遺跡の石器づくりの原料は、多摩川や入間川の上流から中流の河原で拾い集められたと考えられるのである。そうした場所は、遺跡から五〜十数キロしか離れていない、最大でも半日程度で往復できる手近な場所である。砂川遺跡の周囲には、入間川の対岸から狭山丘陵の東側まで、同じようにチャート、頁岩を利用した砂川型石器群が分布している（図49）。手近に入手できる原料を用いて石器づくりをおこないながら、つぎつぎに移動した痕跡だと考えられる。

つぎに武蔵野台地全体に視野を広げてみよう。ここでもまた、利用される石材はチャート、頁岩が中心である。しかし、台地北部にくらべてさまざまな石材が認められる。練馬区高稲荷《たかいなり》遺跡では、東北から新潟の日本海側に産する硬質頁岩《こうしつけつがん》や、長野県産と考えられる黒曜石で石器

づくりがおこなわれている（図50）。群馬県の利根川《とねがわ》上流部に産する黒色頁岩《こくしょくけつがん》や、相模野台地と共通する凝灰岩がが利用されている遺跡もある。これらの石材は、多摩川や入間川の河原で拾うことはできない。とくに黒曜石、黒色頁岩、硬質頁岩の産地は、一〇〇キロ以上のかなたにある。

図48 ● 入間川源流のチャートの岩盤（上）**と多摩川のかわら石**（下）
多摩川、入間川の上流部には、チャートの地層が、かたい大きな岩盤としてあらわれている。中流部では、ほかの石にまじってみつけにくくなるが、打ち割りに手頃なサイズのかわら石となっている。遺跡から出土するのも、こうしたかわら石が多い。

飯能市屋渕遺跡出土（左上の石器の長さ約 6 cm）

狭山市西久保遺跡出土（左上の石器の長さ約 5.5 cm）

図 49 ● **砂川型石器群**

砂川遺跡周辺では、入間川対岸の鶴ヶ島市、飯能市から狭山市、入間市、所沢市などの範囲で利用石材の種類だけでなく、質までよく似通った砂川型石器群が分布している。

練馬区高稲荷遺跡出土石器。上段は黒曜石、下段は硬質頁岩（左上の石器の長さ約 5 cm）。

青梅市城の腰遺跡出土石器。上段左端、下段右端のみチャート、
ほかは黒曜石（左上の石器の長さ約 7 cm）。

図 50 ● **さまざまな石材**

武蔵野台地には、砂川型石器群が各地に分布している。小河川流域ごとに利用石材の傾向に違いがあり、なかには黒曜石や硬質頁岩など、武蔵野台地では入手できない石材が用いられている場合がある。

石材からみた移動経路と石器づくりの体系

ところで、産地が遠く離れている石材も、完成品としての石器だけが持ち込まれているわけではない。打ち割りによる石器づくりの痕跡が、しっかりと遺跡に残されている。

手近な石材の場合、原料の入手は容易なので、つぎつぎにあらたな原料を使うことができる。砂川遺跡での「原料の二重構成と時差消費」は、こうした石材入手の条件に合致していた。

一方で、遠くから持ち運ばれてきた石材は、武蔵野台地の遺跡では、しばしば、作業の開始、終了部分をともに欠き、中間部分だけが残されている。できるだけ原料をもたせるために、作業の終了＝石核の放棄を先のばしにしていたようである。そして、作業の持ち越しは、武蔵野台地の範囲を越えて、さらに他の地域へとつづく場合もあったと考えられる。

手近で入手容易な石材に支えられた、つぎつぎにあらたな原料を消費する積極的な石器づくりと、数量が限られた遠来の石材に対する抑制された石器づくりの二本立て、これが武蔵野台地、および関東平野南西部における、砂川の時代の石器づくりの体系だったのである。

3　二万年前の人びとの暮らし

台地の暮らしと地域間の交流

手近な石材による石器づくりは、消費される原料を頻繁に補充できる比較的狭い範囲の、武蔵野台地とその周囲における移動を背景としていたようである。これは、日常的な生活の範囲を反映していると考えられる。滞在期間が長くなるとともに居住地の周囲の食料が乏しくなり、また居住地内にゴミが溜まったりすると、こうした狭い範囲での移動がおこなわれていたのだろう。

一方、遠来の石材は、その量が限られていることからみても、日常的な石器づくりの対象ではなかった。つまり一〇〇キロを越える、少なくとも数日から数週間をかけた遠距離の移動がおこなわれた機会は、限られていたのではないかと考えられるのである（図51）。そうした遠距離の移動の理由や時期は、まだ追究しなければならない課題である。もちろん、良質な石材を求めること自体が一つの目的だっただろう。しかし、そのためだけに遠距離を移動したとは考えられない。ヨーロッパの事例のように、季節的な動物の群れの移動を追った移動を考える研究者もいる。

図51 ● **武蔵野台地をとりまく石器つくり**
武蔵野台地とその周囲を巡回する狭い範囲の移動の際には、入手と補充の容易な手近な石材が多く用いられた。良質だが産地の遠い石材は、遠距離の移動に際して持ち運ばれ、さらに遠くへ持ち越されることもあった。長野県追分遺跡群では、関東の平野部から遠く離れた黒曜石の産地に砂川型石器群が残されている。

可能性は高いだろう。

また、異なる地域に暮らす集団との交流も、遠距離の移動の重要な契機だったと考えられる。

遊動生活の社会組織

人類学、民族学の研究によると、遊動生活のなかで一つの居住地に暮らす最小の集団は、一～数家族、十数人の規模である。人数が多すぎると、手近な範囲で食料を獲得することがむずかしくなる。かといって、少なすぎれば、仕事を分担したり、安全を確保することがむずかしくなる。

そしてもう一つ、人間関係も大きな制約である。定住する社会では、多少のことでは暮らしの場所を変えられないので、人間関係とはできるだけ耐え忍ぶべきものとなる。ところが遊動生活をおくる人びとは、ストレスをかかえ込むくらいなら、一緒に暮らさない。集団の規模が大きくなると、人間関係の悪化を契機とした移動や分裂がおこる。

もちろん、より多くの人数で協同しなければならない場面もある。季節的に集まる動物や魚の群れを効率よく捕らえる時などが、そうである。また、子どもをつくり、家族を維持するためには、より大人数の集団のなかで結婚の相手を探す必要がある。限られた機会に、多くの人びとが集まるようにする社会的な仕組みがつくられている場合もある。

遊動生活をおくる人びとにとって、生活の領域と所属する集団の大きさ、広がりは、日常的な狭い範囲から、限られた季節や数年から数十年に一度だけかかわる、より広い範囲まで多様である。当然、それらに対応するかたちで、遺跡や遺跡群が残されたはずである。

二万年前の日常風景

最後に、もう一度、砂川遺跡にたちかえってみよう。

手近な石材による石器づくりは、武蔵野台地を中心とした狭い範囲内での移動の際に立ち寄った場所であることを示している。凝灰岩による石器づくりが少しだけおこなわれているのは、相模野台地方面へ移動した際に入手した原料が、少量だけ残っていたものだろうか。

また、硬質頁岩や黒曜石の石器も少数ある。遠距離を移動した際につくられたものなのだろうが、狩りなどに使うたびに数が減ってしまったのだろう。その分、あとからつくられ、補充されたチャート、頁岩のものにとり替えられてしまったのである。

石器集中部は小規模で、その数も少ない。砂川遺跡は大勢が集まったり、くり返し訪れたりした場所ではなかった。日々の暮らしに適した季節が限られていたのだろうか。滞在の時期や期間を推測することはむずかしいが、残されている石器づくりの規模、量からみて、それほど長い期間であったとは思えない。

また、砂川遺跡の道具だては、狩りの道具としてのナイフ形石器以外には彫器が少数あるだけで、同時代の他の遺跡とくらべシンプルだ。

もちろん、道具箱のなかには、より多くの種類の石器が入っていた可能性はある。むしろ、それらを捨てるまで使い込むような仕事がなかったということだろう。逆に、各遺跡で必ずつくられ、また捨てられているナイフ形石器は頻繁に使用され、刃が鈍ったり先端が折れると、とり替えられていたことになる。また出土する遺跡にかたよりがある石槍は、限られた時にだけ使われる特殊な狩りの道具だったのかもしれない。

第2章でみたように、砂川型刃器技法は、つねに一定の素材と石器をつくるための技術であり、その中心には、ナイフ形石器づくりがある。生活の場所を移動するなかでも、つねに狩りの道具を、均質で、最善の状態に維持することが、砂川の時代の石器づくりの最優先課題だったのだ（図52）。またそれは、石材の種類や質にあまり左右されないようにも配慮されていた。日常的に入手可能な近場の石材と、稀少な遠隔地の石材との間で、つくられる石器の種類やかたちに大きな違いがないのである。

それでは、狩りの道具の準備、維持を中心とした石器づくりの場としての砂川遺跡は、戸沢や安蒜が描いたように、数家族がともに暮らした居住地であったのだろうか？

実は、その判断はむずかしい。安蒜は、二つの地点の三つの集中部が、それぞれ同時に存在していたことを前提とした。しかし、何回かに分けておこなわれた石器づくりの痕跡が重なっていると

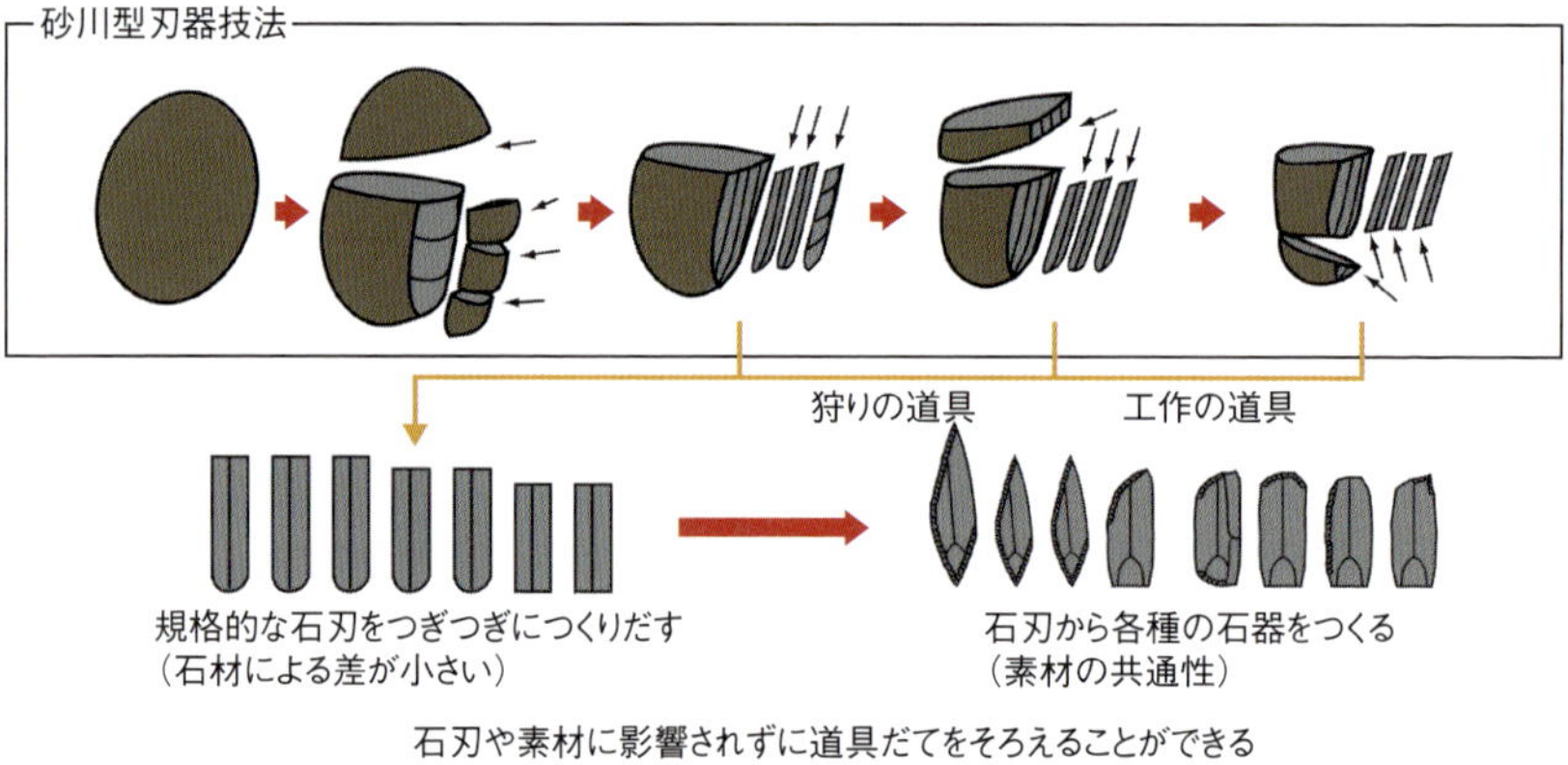

砂川型刃器技法
狩りの道具
工作の道具
規格的な石刃をつぎつぎにつくりだす
（石材による差が小さい）
石刃から各種の石器をつくる
（素材の共通性）
石刃や素材に影響されずに道具だてをそろえることができる

図 52 ●砂川の時代の石器づくり
砂川型刃器技法は、規格的な素材を量産し、いつでもどこでも石器をつくることに適した技術であった。

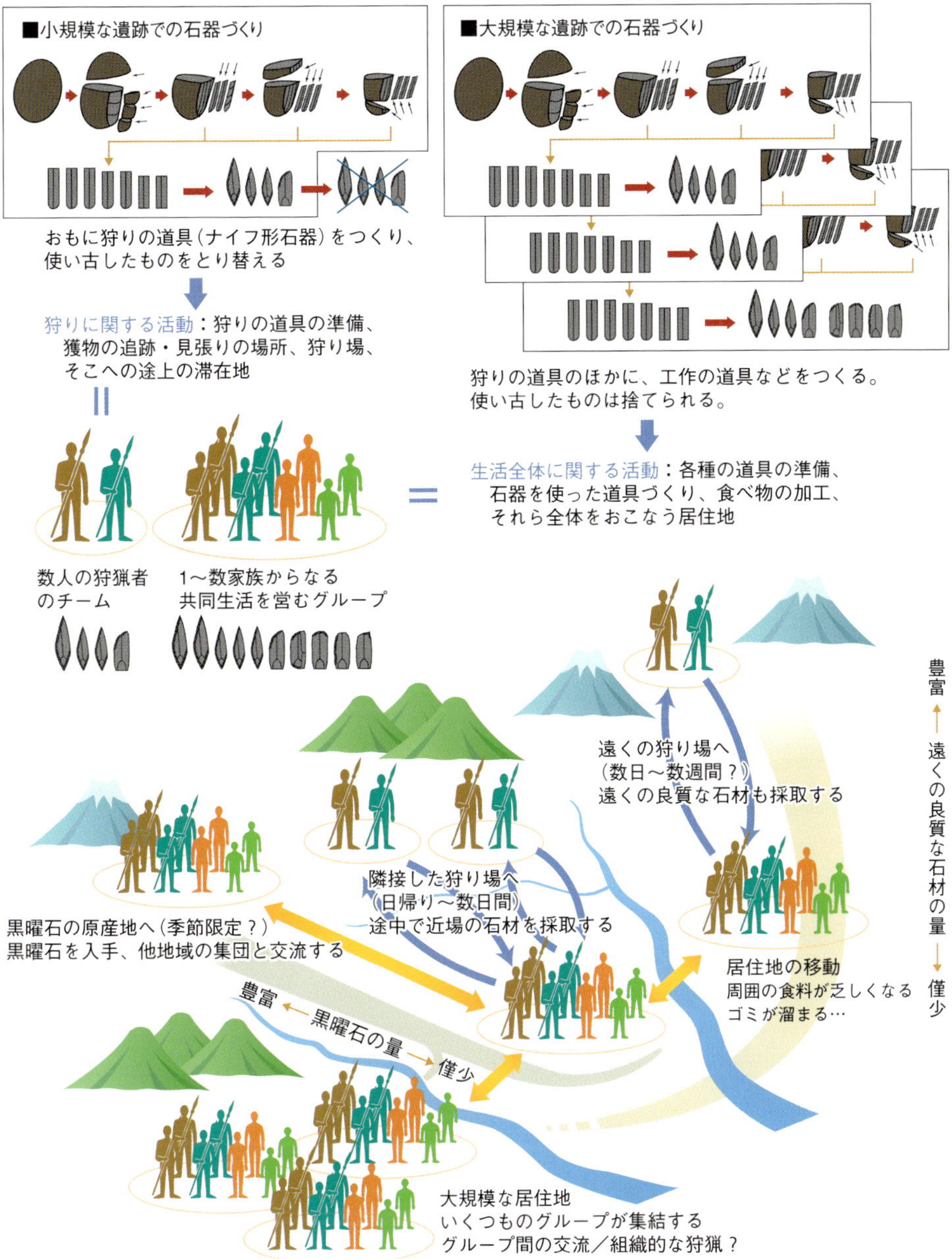

図 53 ● 砂川の時代の日常生活

各種の道具がそろう大規模な遺跡は、複数の家族が共同生活する居住地。狩りの道具の比率が高い小規模な遺跡は、狩猟のためのチームの滞在地（上）。武蔵野台地、相模野台地に点在する居住地の間を移動しながら、狩猟チームが近隣の狩り場へ出向き、また遠くの狩り場・良質な石材の産地へ遠征した（下）。

考えることも可能である。たとえば、エスキモーの狩りのキャンプでは、焚き火を囲む人びとが、日によって風向きが変わると座る場所を変え、そのたびに、食事や工作の跡が少しずつ位置を変えながら重なって残される様子が観察されている。砂川遺跡の集中部も、場合によっては一〜二人程度の石器のつくり手が、数日の間、少しずつ位置を変えながら石器をつくったことによって残された可能性がある。そうだとすると、もっと大勢の数家族がともに暮らした居住地は、道具の種類も豊富で石器づくりの規模も大きな遺跡に求めるべきだろう。さらに栗原中丸遺跡のような大規模遺跡は、多くの集団が集結する場所だったと考えられる。黒曜石原産地の追分《おいわけ》遺跡群に残された大規模遺跡は、石材の採取をきっかけとした集団の集結地点を示しているのかもしれない（図53）。

このような、遊動生活をおくる社会と、地域間の交流のあり方を、石器の分析から復元する研究は、まだ試みの段階に過ぎない。しかし、今後、ますます発展する分野であることは間違いない。そして砂川遺跡でのとり組みこそがその出発点にあることを、忘れてはならない。

それは、砂川からはじまったのだ。

第6章　次代へとつづく調査と研究

砂川と砂川遺跡の今

砂川遺跡A、F地点から出土した石器は、そのすべてが一九九三年一月二〇日付けで、国の重要文化財に指定された。その指定要件には、遺物そのものの珍しさ、貴重さではなく、研究にはたした役割、すなわち石器づくりの内容、遺跡における生活の復元などが重要であると、はっきりうたわれている。

一方、砂川遺跡は、道路の改修など、いくたびか開発の可能性が危惧され、そのたびに保存の方策が議論されてきた。しかし、所有者の本橋家より所沢市に土地が寄託され、二〇〇七年、「砂川遺跡都市緑地」として公開されることとなった。また一帯では、白旗塚や砂川沿いに緑地が残され、台地と小川からなる景観が保たれている。しかし、楽観視できる状況ばかりではない。

砂川の源流部には、今なお手つかずの自然が残されている。しかし砂川の中・下流部では

図 54 ● **現在の砂川**

砂川の源流部（上）と埼玉県立所沢高校（中砂遺跡）付近を流れる砂川（下）。下流は、コンクリートに囲まれた人工河川となっている。

コンクリート三面張りの人工河川となり、市街地では暗渠となっている（図54）。開発は、やむことなくつづいている。

地域のとり組み

砂川流域はこれまで、郊外型農業の一大中心地として農地が保たれてきた。しかし東京都心への通勤圏内にあってじわじわと上昇をつづける地価が、農家を直撃している。後継者がいて営農を希望していても、相続税支払いのために農地をすべて保全することはむずかしいという。こうした状況は近年とくに顕著になり、開発にともなう大規模な発掘調査が増加している。

そうしたなか、遺跡を保存するためには、十分な説得力が必要である。また、緊急調査も不可避である以上、遺跡の性格や意義を踏まえたうえで、十分な調査をおこなう必要がある。そしてそれに応えるべく、地道な努力が重ねられつつある。地域の教育委員会で文化財保護と発掘調査を担当する職員を中心に、遺跡調査の現場で直面した問題をもち寄り意見を交換する。時には地理学などの専門家も加わって議論をする。最先端をゆく研究プロジェクトなどではない。しかし地域にある遺跡を、地域のなかで理解し、意義づけようとするとり組みである。

その一環として、二〇〇六年には埼玉県三芳町を会場とした研究討論会と見学会が開催された。活発な議論の後、急な夕立の中を強行された遺跡見学会では、武蔵野台地や相模野台地で一般的な段丘崖に沿った遺跡のイメージに慣れ親しんだ研究者たちの間から驚きの声が聞かれた。

「こんな地形でも、旧石器時代遺跡があるんだ」

研究史のうえで著名な砂川遺跡とその周辺は、研究しつくされたわけではない。解明すべき課題は、まだ山積している。そのとり組みは、次代の研究者に課せられた義務である。

おわりに

本書では、砂川遺跡をめぐる考古学の研究成果のうち、おもに戸沢、安蒜両氏の業績を中心にとりあげた。このほか本文中には明記していないが、稲田孝司《いなだたかし》、田中英司《たなかひでし》、栗島義明《くりしまよしあき》、西井《にしい》幸雄《ゆきお》、国武貞克《くにたけさだかつ》の各氏の研究を多分に参照させていただいた。また地理学、地形学については貝塚爽平《かいづかそうへい》、羽鳥謙三《はとりけんぞう》、上杉陽《うえすぎよう》、久保純子《くぼすみこ》、鈴木毅彦《すずきたけひこ》氏らの研究成果に拠っている。考古資料、遺跡、そして地形の調査にあたっては、森野譲氏をはじめ、松本富雄《まつもととみお》、大久保淳《おおくぼじゅん》、中島岐視生《なかじまきみお》、加藤秀之《かとうひでゆき》、小川直裕《おがわなおひろ》氏ら、地域のみなさまにご協力いただいた。

わたし自身は「遺跡を学ぶ」ためには、発掘調査の現場のなかだけでなく、遺跡をとりまく地形や景観を理解すること、そのために自分の足で歩き、感じることが欠かせないと考えている。そう思いいたったのは、砂川流域の分布調査に参加したことがきっかけであった。今回、砂川の源流から末端まで、そして武蔵野台地の各所を歩くなかで、その思いをあらたにした。本書を片手に、砂川遺跡とその周辺を実際に訪ねてみようと思う方がひとりでもあれば、著者にとってはこのうえない喜びである。

砂川遺跡

・埼玉県所沢市三ヶ島3丁目ほか
西武池袋線狭山ヶ丘駅から徒歩約30分。遺跡は、所沢市の史跡に指定され、現在、「砂川遺跡都市緑地」となっている。遺跡そのものは埋め戻されて見学することはできないが、出土遺物は明治大学博物館、所沢市埋蔵文化財調査センターで見学できる。

砂川遺跡都市緑地

明治大学博物館

・東京都千代田区神田駿河台1―1
アカデミーコモン地階
・電話　03（3296）4448
・開館時間　10時～17時
・休館日　8月10～16日、12月26日～1月7日（8月の土・日曜に臨時休館）
・入館料　無料（常設展）
・交通　JR御茶ノ水駅より徒歩5分

明治大学博物館・砂川遺跡の展示

所沢市埋蔵文化財調査センター

・所沢市北野2―12―1
・電話　04（2947）0012
・開館時間　8時30分～17時
・休館日　土・日曜日、祝日、年末年始
・入館料　無料
・交通　西武池袋線小手指駅南口下車、徒歩約25分。または小手指駅南口から西武バス早稲田大学行き乗車、「所沢ロイヤル病院前」下車徒歩2分

所沢市埋蔵文化財調査センター

刊行にあたって

「遺跡には感動がある」。これが本企画のキーワードです。

あらためていうまでもなく、専門の研究者にとっては遺跡の発掘こそ考古学の基礎をなす基本的な手段です。また、はじめて考古学を学ぶ若い学生や一般の人びとにとって「遺跡は教室」です。

日本考古学では、もうかなり長期間にわたって、発掘・発見ブームが続いています。そして、毎年厖大な数の発掘調査報告書が、主として開発のための事前発掘を担当する埋蔵文化財行政機関や地方自治体などによって刊行されています。そこには専門研究者でさえ完全には把握できないほどの情報や記録が満ちあふれています。しかし、その遺跡の発掘によってどんな学問的成果が得られたのか、その遺跡やそこから出た文化財が古い時代の歴史を知るためにいかなる意義をもつのかなどといった点を、莫大な記述・記録の中から読みとることははなはだ困難です。ましてや、考古学に関心をもつ一般の社会人にとっては、刊行部数が少なく、数があっても高価なその報告書を手にすることすら、ほとんど困難といってよい状況です。

いま日本考古学は過多ともいえる資料と情報量の中で、考古学とはどんな学問か、また遺跡の発掘から何を求め、何を明らかにすべきかといった「哲学」と「指針」が必要な時期にいたっていると認識します。

本企画は「遺跡には感動がある」をキーワードとして、発掘の原点から考古学の本質を問い続ける試みとして、日本考古学が存続する限り、永く継続すべき企画と決意しています。いまや、考古学にすべての人びとの感動を引きつけることが、日本考古学の存立基盤を固めるために、欠かせない努力目標の一つです。必ずや研究者のみならず、多くの市民の共感をいただけるものと信じて疑いません。

著者紹介

野口　淳（のぐち・あつし）

1971年、東京生まれ
明治大学大学院博士前期課程修了。国際日本文化研究センター講師を経て、現在、明治大学校地内遺跡調査団調査研究員。
主な著作・論文　『砂川旧石器時代遺跡』（共編著）所沢市教育委員会、『野川流域の旧石器時代』（共編著）六一書房、「インダス文明形成過程の石器技術体系」『古代文化』第60巻2号、「打製石器技術系に見る時空間の連鎖」『考古学ジャーナル』No.575

写真提供
図6・14・18（石器）・31・32：所沢市教育委員会、図7：戸沢充則、図8：明治大学考古学研究室、図9・11・19・21・24～26：明治大学博物館、図18（土器）：自由学園、図30・40：森野譲、図43（多聞寺前遺跡出土の植物化石）：東久留米市教育委員会、図46：神奈川県教育委員会、図48（入間川の源流）：入間市博物館、図49：埼玉県教育委員会、図50（高稲荷遺跡出土石器）：練馬区教育委員会、図50（城の腰遺跡出土石器）：青梅市教育委員会

図版出典
図1（数値地図25000「東京」）・図4（明治前期測量2万分の1フランス式彩色地図「埼玉県武蔵国入間郡北野村」「埼玉県武蔵国入間郡三ヶ島村外七村」）・図35上（河川系：数値地図25000〈土地条件〉、等高線：数値地図50mメッシュ〈標高〉）：国土地理院、図5：戸沢充則1968「埼玉県砂川遺跡の石器文化」『考古学集刊』4巻1号、図15・27：所沢市教育委員会1974『砂川先土器時代遺跡』、図16：有斐閣1979『日本考古学を学ぶ3』、図33・39：所沢市教育委員会1997『砂川旧石器時代遺跡』、図36：独立行政法人国立公文書館、図37・38：東村山市2001『東村山市史5資料編考古』、図44：三芳町教育委員会2009『藤久保東遺跡Ⅱ』ほか、図47：神奈川県立埋蔵文化財センター1984『栗原中丸遺跡』

上記以外は著者

シリーズ「遺跡を学ぶ」059
武蔵野に残る旧石器人の足跡・砂川《すながわ》遺跡

2009年8月25日　第1版第1刷発行

著　者＝野口　淳

発行者＝株式会社 新 泉 社
東京都文京区本郷2-5-12
振替・00170-4-160936番　TEL03(3815)1662／FAX03(3815)1422
印刷／萩原印刷　製本／榎本製本

ISBN978-4-7877-0939-4　C1021

シリーズ「遺跡を学ぶ」

A5判／96頁／定価各1500円＋税

●第Ⅰ期（全31冊完結・セット函入46500円＋税）

01 北辺の海の民・モヨロ貝塚 米村衛
02 天下布武の城・安土城 木戸雅寿
03 古墳時代の地域社会復元・三ツ寺Ⅰ遺跡 若狭徹
04 原始集落を掘る・尖石遺跡 勅使河原彰
05 世界をリードした磁器窯・肥前窯 大橋康二
06 五千年におよぶムラ・平出遺跡 小林康男
07 豊饒の海の縄文文化・曽畑貝塚 木﨑康弘
08 未盗掘石室の発見・雪野山古墳 佐々木憲一
09 氷河期を生き抜いた狩人・矢出川遺跡 堤 隆
10 描かれた黄泉の世界・王塚古墳 柳沢一男
11 江戸のミクロコスモス・加賀藩江戸屋敷 追川吉生
12 北の黒曜石の道・白滝遺跡群 木村英明
13 古代祭祀とシルクロードの終着地・沖ノ島 弓場紀知
14 黒潮を渡った黒曜石・見高段間遺跡 池谷信之
15 縄文のイエとムラの風景・御所野遺跡 高田和徳
16 鉄剣銘一一五文字の謎に迫る・埼玉古墳群 高橋一夫
17 石にこめた縄文人の祈り・大湯環状列石 秋元信夫
18 土器製塩の島・喜兵衛島製塩遺跡と古墳 近藤義郎
19 縄文の社会構造をのぞく・姥山貝塚 堀越正行
20 大仏造立の都・紫香楽宮 小笠原好彦
21 律令国家の対蝦夷政策・相馬の製鉄遺跡群 飯村均
22 筑紫政権からヤマト政権へ・豊前石塚山古墳 長嶺正秀
23 弥生実年代と都市論のゆくえ・池上曽根遺跡 秋山浩三
24 最古の王墓・吉武高木遺跡 常松幹雄
25 石槍革命・八風山遺跡群 須藤隆司
26 大和葛城の大古墳群・馬見古墳群 河上邦彦
27 南九州に栄えた縄文文化・上野原遺跡 新東晃一
28 泉北丘陵に広がる須恵器窯・陶邑遺跡群 中村浩
29 東北古墳研究の原点・会津大塚山古墳 辻秀人
30 赤城山麓の三万年前のムラ・下触牛伏遺跡 小菅将夫
別01 黒耀石の原産地を探る・鷹山遺跡群 黒耀石体験ミュージアム

●第Ⅱ期（全20冊完結・セット函入30000円＋税）

31 日本考古学の原点・大森貝塚 加藤緑
32 斑鳩に眠る二人の貴公子・藤ノ木古墳 前園実知雄
33 聖なる水の祀りと古代王権・天白磐座遺跡 辰巳和弘
34 吉備の弥生大首長墓・楯築弥生墳丘墓 福本明
35 最初の巨大古墳・箸墓古墳 清水眞一
36 中国山地の縄文文化・帝釈峡遺跡群 河瀬正利
37 縄文文化の起源をさぐる・小瀬ヶ沢・室谷洞窟 小熊博史
38 世界航路へ誘う港市・長崎・平戸 川口洋平
39 武田軍団を支えた甲州金・湯之奥金山 谷口一夫
40 中世瀬戸内の港町・草戸千軒町遺跡 鈴木康之
41 松島湾の縄文カレンダー・里浜貝塚 会田容弘
42 地域考古学の原点・月の輪古墳 近藤義郎・中村常定
43 天下統一の城・大坂城 中村博司
44 東山道の峠の祭祀・神坂峠遺跡 市澤英利
45 霞ヶ浦の縄文景観・陸平貝塚 中村哲也
46 律令体制を支えた地方官衙・弥勒寺遺跡群 田中弘志
47 戦争遺跡の発掘・陸軍前橋飛行場 菊池実
48 最古の農村・板付遺跡 山崎純男
49 ヤマトの王墓・桜井茶臼山古墳・メスリ山古墳 千賀久
50 「弥生時代」の発見・弥生町遺跡 石川日出志

●第Ⅲ期（全25冊 好評刊行中）

51 邪馬台国の候補地・纒向遺跡 石野博信
52 鎮護国家の大伽藍・武蔵国分寺 福田信夫
53 古代出雲の原像をさぐる・加茂岩倉遺跡 田中義昭
54 縄文人を描いた土器・和台遺跡 新井達哉
55 古墳時代のシンボル・仁徳陵古墳 一瀬和夫
56 大友宗麟の戦国都市・豊後府内 玉永光洋・坂本嘉弘
57 東京下町に眠る戦国の城・葛西城 谷口榮
58 伊勢神宮に仕える皇女・斎宮跡 駒田利治
59 武蔵野に残る旧石器人の足跡・砂川遺跡 野口淳
60 南国土佐から問う弥生時代像・田村遺跡 出原恵三
別02 ビジュアル版 旧石器時代ガイドブック 堤 隆